中华先贤人物故事汇

华佗

石继航

著

中华书局

图书在版编目（CIP）数据

华佗/石继航著. —北京：中华书局，2022.1（2025.2 重印）
（中华先贤人物故事汇）
ISBN 978-7-101-15340-8

Ⅰ.华… Ⅱ.石… Ⅲ.华佗（？~208）-传记 Ⅳ.K826.2

中国版本图书馆 CIP 数据核字（2021）第 180897 号

书　　　名	华　佗	
著　　　者	石继航	
丛 书 名	中华先贤人物故事汇	
责任编辑	马　燕　董邦冠	
美术总监	张　旺	
封面绘画	冯　戈	
内文插图	顾梦迪	
责任印制	管　斌	
出版发行	中华书局	
	（北京市丰台区太平桥西里 38 号　100073）	
	http://www.zhbc.com.cn	
	E-mail:zhbc@zhbc.com.cn	
印　　　刷	三河市宏达印刷有限公司	
版　　　次	2022 年 1 月第 1 版	
	2025 年 2 月第 7 次印刷	
规　　　格	开本/787×1092 毫米　1/32	
	印张 5　插页 2　字数 50 千字	
印　　　数	25101-28100 册	
国际书号	ISBN 978-7-101-15340-8	
定　　　价	20.00 元	

出版说明

孔子周游列国，创立儒家学说；张骞出使西域，开辟丝绸之路；书圣王羲之，留下了曲水流觞的佳话；诗仙李白，写下了"举头望明月，低头思故乡"的名篇；王安石为纠正时弊，推行变法；李时珍广集博采，躬亲实践，编撰医药学名著《本草纲目》……

这些杰出的历史人物，有的是在中华民族文明进程中做出过突出贡献、对后世产生过巨大影响的思想家、政治家，有的是对中华优秀传统文化的传承传播发挥过重大作用的文学家、艺术家、科学家，有的是为国家安定统一、民族融合团结和中外文化交流做出过杰出贡献的军事家、外交家……他们为中华民族的繁荣发展做出了伟大的贡献，他们的行为事迹、风范品格为当世楷模，并垂范后世。

他们是中华民族的先贤人物。他们的思想、品德、事迹，是中华优秀传统文化的结晶。他们的故事，是对中华民族的禀赋、特点和气质最生动、最鲜活的阐释。他们的名字，在五千年中华文明史上最为光彩夺目。他们为五千年中华文明史书写了最为光辉灿烂的篇章。

为了解先贤，走近先贤，我们精心组织编写了这套《中华先贤人物故事汇》丛书。以详实可靠的史料为依据，以细腻动人的故事为载体，真实地呈现中华先贤人物的事迹、品格和精神风貌，彰显他们的贡献和功绩，以激发人们对国家民族的热爱，对中华文明、中华优秀传统文化的崇敬。

开卷有益，期待这套丛书成为你的良师益友。

目　录

导 读

华佗（约145—208），字元化，一名旉，沛国谯县（今安徽亳州）人，东汉末年著名医学家。

华佗一生醉心医道，他不求仕进，不谋名利，多次拒绝朝廷征召，宁愿隐居乡间，为人治病。他长年苦心研究医术，精擅养生、方药、针灸和手术等多种治疗手段，无论是内科、外科，乃至妇科、儿科，都能辨证施治，手到病除，被誉为"神医"。

由于年代久远，华佗的医著已不见流传，因此我们对华佗的生平和医技不能窥得全豹，但就算是通过零星的记载，也足见华佗医术的高超。他对于寄生虫病、寒热症、妇科病等都有十分成熟且有效的治疗方法。尤其让人惊叹的是，相比于中国历史上的其他名医，华佗在外科手术上的造诣更是一骑绝尘，领先于时代。他是世界上第一位发明麻醉剂的人，"麻沸散"的使用，大大缓解了病人的痛苦，方便了手术，堪称是麻醉术的先驱者和创始人。

据史料记载，华佗对于肿瘤摘除和胃肠缝合一类的手术，已是相当熟练。这些开胸破腹的外科手术，在当时都是远远领先于时代的。所以，历代名医都对华佗涮肠浣胃、开胸缝腹的高超医术崇敬不已。

作为一名良医，华佗不仅仅着眼于治病疗伤，对于养生保健也是格外重视，正所谓"良医治未病之先"。他创制了"五禽戏"这套最早的保健体操，对于人的精神气血，有着极好的调节作用。"五禽戏"千百年来一直流传，对于人们改善体质、增进健康、愉悦精神有着药物不可替代的作用，可谓普惠世人，泽及百代。

千百年来，人们一直将华佗和扁鹊、董奉、张仲景等诸位名医相提并论，视其为中华医学史上"神医"的化身。医德精粹、品志高洁的华佗，崇尚科学、求真务实，他的高超医术，遥遥领先于时代，堪称中国医学史乃至世界医学史上的先驱人物。他不媚强权、不谋禄位的气节，也为后人钦服。

妙方除虫

1

东汉建安四年（199）春。虽然天下还是兵荒马乱，杀伐不断，但是煦暖的春风还是吹过来了。这暖风，吹开了封冻的河水，吹绿了柳条上的嫩芽，也让刚脱去厚重冬衣的人们，倍感轻松。

华佗和弟子吴普背着药筐，时而乘船，时而步行，来到了高邮湖畔的广陵城（今江苏扬州）下。只见这里相当繁华热闹，和从北方一路所见的荒烟孤村之景大不相同，虽然比不上当年洛阳城的兴盛，但城中的街肆人流如涌，叫卖之声不绝于耳，柴铺、米铺、铁铺、布铺、药铺、饭铺之类一应俱全。

别的还好说，饭铺里巨大的铁镬之中，炖着鹿肉兔肉，散发出来的香味，让年方十二岁的吴普简直迈不动双腿了，他望肉兴叹，垂涎欲滴。

华佗此时也是饥肠辘辘，然而随身所带的盘缠，前夜里被劫了。几个穷凶极恶的山贼，挥刀弄棒，闯进华佗借宿的村子里，将师徒二人浑身上下搜了个遍，把仅有的一串钱抢走了。如今他们已是一文不名，哪里有钱买肉吃呢？吴普虽然就是广陵人，但他是个孤儿，并无亲故在此。

眼见吴普眼泪汪汪的样子，华佗拍了拍他的肩膀，微笑着说："普儿，休要焦急，别忘了我们药筐里还有不少采来的黄精、茯苓，盗贼们只认铜钱，不识药物，这点东西他们没拿走。待我们找个药铺，将这些东西卖出一些，换些钱来就可以买吃的了。"

吴普听了大喜，马上来了精神，说道："师父在此且坐，我去找药铺。"说罢，就一溜烟跑去了。

华佗怕他跑丢，并没坐下来休息，而是紧紧

跟随。

这家药铺位于城西，华佗师徒踏进店门时，却见店里的伙计们正在忙乱地收拾东西，地上一片狼藉，药杵断了，药罐碎了，天平倒了，药箱翻了，药材撒了，膏丸丹散都在地上。吴普奇怪地问道："这是失火了，还是遭贼了？我们这里有新采的黄精、茯苓，你们收不收？"

一个身材微胖、身穿灰袍的中年男人将吴普的衣襟揪住，用力推搡："快滚！莫要烦我！"

华佗慌忙上前拦住他，问道："这位先生，请问高姓大名，有话好说，这里到底出了何事？"

一个伙计上前说道："这是我家主人，有名的赛仓公何先生。"

那被称作何先生的中年男人抱着头蹲在地上，叹息道："赛仓公这三个字，再也休提，再提就是打我的脸啊。"一边说，一边挥手自打耳光，口中嚷道："我就是个蠢蛋，好好地逞什么能？"

华佗忙上前劝住他，细问到底是什么事。

2

原来，新任的广陵太守名叫陈登，字元龙，是沛国相陈珪之子。一年前，陈登设计帮助曹操剿灭了吕布，因此被封为伏波将军兼广陵太守，镇守此城。想那伏波将军的头衔朝廷可是不轻易加封的，当年的开国功臣马援，有征讨南疆之功，才得授伏波将军，千古留名。

一时间陈登青云有路，踌躇满志。这天在府衙中大摆酒宴，宾客如云。陈登举杯对众人吟道："今日良宴会，欢乐难具陈。"众人也纷纷附和，一时间酒香四溢，歌舞清妙，笑语盈天。

哪知乐极生悲，陈登突然觉得胃里好像给填了一团绒絮一般，堵得难受，眼前空有这许多珍馐美味，却一点也咽不下去。这感觉越来越强，只见陈登面红耳赤，弯腰欲吐，但想吐还吐不出来，只是干呕。众人惊慌，忙命人扶陈登入内室休息，酒宴也草草而散。

陈登初时并未过于担心，以为是偶尔饮食不当，或是吸了冷气，外感风邪所致，休息一会儿即可痊愈。岂知这病越来越严重，腹中烦恶越来越强，后来连喝点米汤，也能引发翻江倒海一般的难受，非要吐出来方罢。

几天饮食不进，将一个生龙活虎的陈登折磨得憔悴不堪。众人焦急，四处求医，自然将这个所谓的"赛仓公"何先生请进了衙中。

何先生仔细诊了脉，对陈登说道："太守莫忧，这是热病，古书上记载，得此病者面赤，口烂，心中痛，欲呕，脉洪而数，此热邪干心也。"

陈登听了，忙问道："当用何药医治？"

何先生道："我有黄连黄芩泻心汤。用黄连二两、黄芩三两、半夏一升、猪胆大者一枚（取汁），加水六升，先煮前三味药，然后和猪胆汁和在一起，分温再服。"

陈登又问道："那几日能见效呢？我现在事务繁忙，东吴时有入侵之心，这病拖不得啊！"

何先生拍了拍胸脯说道："此药服下，三日内如不见效，太守可派人砸了我的药铺！何某也无颜在此地继续行医了。"

陈登此时胸中又是一阵烦恶，他挥手道：

"好，快些煎药来，如果如君所言，三日而愈，赐你白米五十石，不然的话，给我滚出广陵城罢！"

听至此处，华佗当下心中雪亮，已知是这人夸下海口，却没有医好太守的病，当下叹道："阁下只靠古人医书用药，泥古不化，如赵括之纸上谈兵，误人误己。况且病状多端，各人体质不同，包治之语，慎勿轻言。"

何先生听华佗谈吐不俗，不禁上下仔细打量了一番，又见华佗和吴普两人身背竹筐，里面确是药材，于是定了定神，拱手问道："先生自何处来，可否通个姓名，也是医道中人否？"

华佗淡然一笑："在下沛国谯（今安徽亳州）人，姓华名佗，字元化。"

何先生闻言大喜，扯住华佗的衣袖叫道："天赐贵人，天赐贵人！原来你就是有当世神医之称的华佗啊！快请内室歇坐。"

说罢不由分说，就扯着华佗的衣袖，来到内室席上坐下，并唤伙计速速安排酒饭，让师徒二人吃喝。

华佗却挥手道："莫慌，华某是南下采药路过此处，无心行医问诊，况且华某生平不爱医治官人，他们性躁急功，以权势逼人，难免惹祸上身。华某无意帮你这个忙，自来无功不受禄，酒饭不敢叨领，这就告辞罢。"

说完就要起身而去，何先生慌忙扯着华佗，哀求道："华先生就可怜可怜在下吧，如果先生不出手，我在广陵城就待不下去了。我上有七十老母，下有吃奶的孩子，这一家人以后风餐露宿，就算何某撑得住，老母和孩子也撑不住啊！"

见华佗略有迟疑，何先生又接着劝道："而且陈登陈太守并非凶人恶官，自他来了这广陵城后，轻徭薄税，爱惜民力，政声极佳呢。"

旁边的伙计也帮腔说："是啊，陈太守来之前，这广陵有十家豪强，号称'十霸'，到处欺男霸女，强买强卖，稍不遂心，就要殴伤人命，我的一个表弟，就被他们纵马踏死。原来的太守和这些家伙一个鼻孔出气，蛇鼠一窝，小老百姓根本奈何不了他们，只有忍气吞声的份儿。陈太守来了后，查明这些人的罪状，将他们一一拿获，都砍了脑壳儿，真是大快人心。"

华佗听了，意有所动。何先生见他不再坚持，忙拉他坐下，华佗说："治病如救火，迟一刻便多一分凶险，我们抓紧备药吧。"

说罢，他让伙计将药釜加水烧开，吩咐他们找来贯众、苦楝、桑叶、甘草、紫苏、石膏等药材投入煎熬，不一会儿，药就煎好了。

华佗吩咐将药倒入一个铜制椭腹扁壶之中，又开口说道："现在外面还是很冷，需找来皮绒，厚厚裹住，莫要冷了。"

正在此时，忽听门外马蹄声响，有人呵斥道："太守命你等连夜滚出广陵城，为何还逗留此间？若再拖延，即刻枷了，拖在这街口示众！"

何先生出门看时，认得是太守衙中的两位差官，一个叫倪寻，一个叫李延，两人一高一矮，一胖一瘦。

那白胖高大的倪寻也曾经找何先生问过诊拿过药，见了何先生，语气略缓："非是我等不给情面，陈太守向来法度严明，令出必行。况且此事也是你的不对，非要夸下海口……"

何先生哭丧着脸，说道："给太守看病前几日，我刚瞧了一个病人，也是面赤耳热，烦恶不食，用了我的药第二天就好了，就想太守的病也可以如法炮制，哪知……"

见倪寻、李延有不耐烦之意，何先生不敢再啰嗦，拉了华佗过来说道："好在天无绝人之路，在下遇上了华佗，华神医，这位神医可是闻名四海的高人啊！他一出手，必将药到病除，看我们将药都备好了。"说着，将手中的椭腹扁壶举起来晃了晃。

倪寻、李延两人对视了一眼，倪寻便说道："既然如此，那就赶快让华先生随我去太守府中"，又对李延说道："让华先生骑你的马，你在此守候，随时听太守的吩咐。"言下之意是说如果太守还是不肯原谅，就让李延继续驱逐何先生离城。

何先生见华佗上了李延的马，跟随倪寻而去，忙追在后面喊道："倪兄，华先生，一定在太守面前多多美言，说我的举荐之功……"

3

此时的太守府中，灯火通明，府中的姬妾仆役等几十人守在帐外，他们个个神情凝重，不敢出声，里里外外安静得可怕，连空气也仿佛凝固了一般。

陈登已是将近三日无法进食，只能勉强喝点汤汁。此间又寻来几个医生，但均无效果，他心情烦恶，又嫌众人聒噪，刚刚发了脾气，将众人都轰了出来，只留下一个侍儿在榻前守候。

倪寻不敢擅入，只好托人转告陈登的夫人，说是又请了一位神医来诊治。

陈夫人正心乱如麻，听说又来了一位医生，慌忙来到陈登的榻前，轻声说道："夫君，倪寻又找来一名神医，可让他诊治一下？"

陈登怒道："什么狗屁神医，今天就来三个神医了，又是施针，又是灼艾，非但没有治病，反而令我更加难受。罢了，让他滚开！"说罢无力地仰卧在榻上，双眼直直地望着屋顶，声音转柔说道："自来生死有命，夫人，倘若我命数该绝，你也不必过于悲伤……"

陈夫人不等他说完，就掩面而泣，转身说道："我还是去见见这位医生，问问你的病情。"

华佗在前厅等候，心下颇为郁闷，他一贯乐于给平民行医，不屑于营走于权贵之门，今日之事，实在大违其本心。如今见陈登迟迟不见，不免暗中着恼。

正在此时，忽然听得一阵轻微的环珮声响，接着闻到一股兰麝之香，从后堂转出一位仪态娴雅的美少妇，只见她指如削葱，口如含朱，身着青羔裘，脚踏紫丝履。倪寻见是夫人前来，忙引华佗上前拜见。

只见陈夫人蛾眉深蹙，忧心忡忡，华佗于是开口问道："敢问陈太守可是平日里酷喜吃生鱼片？"

陈夫人听了一愣，心想这位医生口音有异，显然是从外地来的，不过夫君的这个嗜好，向来没怎么和别人提过，于是惊奇地问道："这事先生从何得知？"

华佗却只说了四个字："这就对了。"说罢就再不言语。

陈夫人冰雪聪明，当下慌忙回转内室，对陈登说道："夫君，这位神医名不虚传，他还未见你，就知道你有喜吃生鱼片的爱好，他既知病因，必有办法。"

陈登也颇为奇怪，当下命侍儿将华佗请进了内室。只见这陈登所居卧室，极为宽敞，四面全是书架，装满了书册和竹简。六盏雁足灯放在几案之上，照得室内颇为明亮，两个黄铜错金博山炉里，正袅袅地散发着香的气息。

陈登抬眼望去，只见眼前这位老者虽然身形瘦削，但却如同孤松傲立一般，气度非凡，虽然头发已是花白，但容貌清奇古秀，有凛然不可犯之态。当下不禁心生敬意，他张口问道："先生怎知我得此病，是因喜食生鱼片而致？"

华佗却不直接应答，伸手搭在陈登腕上，察其脉息后，将怀中的铜制椭腹扁壶取出，递与陈登身边的侍女，说道："此药让陈太守先服一升，稍微等一会儿，再全喝完。"

侍女取来一只巨觥（gōng），将铜壶中的药倒入其中，陈登本来滴水难尽，此时捏着鼻子连饮三

陈登抬眼望去，眼前这位老者虽然身形瘦削，但却气度非凡。

舡，却觉得腹中烦恶更加厉害了。他对华佗说道："这是什么药，喝下去并不见效，反而更加难受了！"

当下众人一齐望向华佗，皆有疑虑之色，华佗却镇定自若地说道："太守莫急，且忍一忍，一炷烟时间后，再喝下剩下的药，定可治愈。"又转头低声吩咐侍女："取一个大铜盆来，剩下的药喝完，太守必将呕吐。"

果然，陈登喝下剩下的一升汤药后，顿觉腹内如翻江倒海、浣胃洗肠一般的难受，当下俯身狂呕不止。但见先是吐出几口黄汤——这是喝下去的汤药，然后停下来喘息了片刻，又是一阵更强烈的呕吐，只听夫人和侍女都尖叫惊呼，原来这次陈登吐出来一大团红头虫子，在盆中不断地蠕动。陈登挣扎着看了一眼盆子的虫子，也大为惊骇，他挥手吩咐道："快，端出去倒掉！"

侍女却吓得手脚都软了，陈夫人将倪寻唤进来，让他端出去倒掉。华佗嘱咐倪寻道："这些虫生存力极强，还有肉眼难以看见的卵粒，就算进了水中、土中，将来万一沾在手上，误入口里，仍旧有病患之虞，你支一口大锅，生起柴火，将这些虫煮沸后再倒掉才是。"

那倪寻应诺而去。华佗转头微笑道："不必惊慌，这些虫子吐出来，陈太守的病就好了。不过切勿进食肥甘之物，以米粥为佳。"

果然，陈登吐出虫子后，小睡了一个时辰，就觉得神清气爽，腹内再无恶心胀满之感。烦恶既去，但觉腹中饥饿，咕咕作响，于是唤人拿饭来。陈夫人见状十分欢喜，她早遵华佗之嘱，吩咐厨下熬好了一碗香米粥，这时忙亲手捧了过来。

陈登几下吃完，还欲再要，夫人劝道："华先生吩咐，病愈之后，不可一次过饱，且先休息吧。"

陈登也觉得有些疲惫，于是沉沉睡去，这一枕黑甜，可是自得病以来从没有过的舒服。

休养了一天之后，陈登已是神采奕奕，健旺如昔。他派人请华佗来府，专门设宴答谢。

华佗劝道："太守此病，皆因嗜好生鱼片而起。前晚吐出的那些虫子，就是原来藏在鱼肉之中的虫卵。吃下去后，这些虫卵潜伏在人的肚子里慢慢生长，少则一两月，多则半年，虫子就已长成，然后虫子再排卵繁衍，从而越来越多，致人胃脘胀满，面赤心躁，最终有性命之忧啊。"

陈登当下悚然，忙对夫人道："今后切勿再做生鱼脍！"说完，又转头对华佗说道："我自任广陵太守以来，此地邻近鱼米之乡，鲜鱼极多，所聘的厨人，原来世居江南，祖传了一种极为美味的酱料，将这鲜鱼切成细脍蘸料来食，真鲜美不可言也。却没想到，祸患由此而起。"

华佗笑道："《道德经》说：'五色令人目盲。五音令人耳聋。五味令人口爽'，太守位尊多财，自然有条件每日吃最新鲜的河鱼，却正是因贪这一口鲜，以致有此病在身。今后食鱼，千万要蒸熟才好，这些虫卵，虽然生命力极强，但一遇上汤釜或蒸笼，必将不存。"

陈登听华佗引经据典，谈吐不俗，并非一般的江湖游医可比，当下心生钦敬之意，说道："华先生既是饱读诗书之人，为何还要游荡江湖，在草野之间行医呢？不如我上表朝廷，给先生谋个官职，或者是入太医院当值也好，不知先生意下如何？"

华佗慌忙摆手："多谢太守美意，华佗疏懒惯了，性如山间麋鹿，林中鸟雀、涧底游鱼，不愿当差为官，还望太守察我之心，全我之志。"陈登虽然叹息惋惜，心中却越发敬重。

一时宴罢，华佗便要告辞，又嘱咐陈登切莫再吃生鱼。正说话间，门下军卒有紧急军情来报。陈登问时，原来东吴孙策率大军来袭，有十万之众，他慌忙对华佗说道："军情紧急，我需率兵去匡琦城抵御孙吴贼军，就不陪先生了。"说罢，就匆匆升衙点兵去了。

4

回到馆驿，华佗却没有歇息，而是点起了油灯，在一本书册上仔细记下了陈登患虫症后的种种表现和医方效果，吴普却耐不住这春寒料峭，早早地钻进了被子里想要睡觉了。

正在此时，却听得一阵急促的敲门声，华佗放下笔，开门一看，原来是药铺的何先生，手执一匹白绢，前来答谢华佗。

华佗辞道:"行医济世,本是我辈的责任。今得为陈登太守医病,还亏得何先生来牵线搭桥,今日我和陈太守畅谈一番,只觉得太守果然是英姿卓荦之士,名不虚传啊!"

何先生也满怀钦羡地说道:"华先生能得陈太守亲自宴请,也是相当有面子啊。要知道,陈太守可不是一个轻易就抬敬别人的人。吕布帐下有名的谋臣许汜,见到陈太守后,因为只谈论一些买田置地的世俗之事,陈太守就极度鄙视他,不讲主客之礼,自顾自地高卧在大床上,正眼也不瞧他一下。那许汜坐在下床,脸臊得又红又胀,像猪肝一样,甚是尴尬,不多时就灰溜溜地借故告辞了。"

又聊了几句,何先生吞吞吐吐说道:"何某有个不情之请,先生医治陈太守鱼虫之症的药方,能不能借何某抄一份?我想这广陵城中,少不得还有患此病的人,先生一走,这些人可就病重难治了……"

华佗笑道:"这事容易,我刚刚将陈太守虫症之医案写就,你这就抄录一份吧。"

何先生大喜过望,因为很多医家都是各自珍藏神奇验方，轻易不传人，以免别人学去自损了财路。如今腼颜开口，以为华佗十有八九会婉言谢绝，没想到华佗竟一口答应，当下喜不自胜，忙取出纸笔，一一誊录。

华佗似有所思，又嘱咐何先生道："陈太守这病，早则三年，迟则五年，说不定还会再犯。不犯则可，再犯的话，这些虫子就不见得还是在胃中了，说不定会侵入脑中，到时候这个方子可就不一定管用啦。因为虫子在腹内时，汤药可直接起到作用，如果深入脑子、眼睛等地方，药汤就难以浸到。到时候可能会头脑肿胀，眼睛失明。"

何先生惊问："那又将如何治疗？"

华佗叹息道："目前我也没有更好的办法。我正琢磨着如何通过开颅破脑的办法，将病人脑袋里的虫子取出。"

何先生大惊失色道："开颅破脑后，这人安有活理？"

"也不然，"华佗摇头说："我曾医治过一个军兵，在战场上被敌人一刀削开了脑壳，露出一个大缝，好在没伤到里面，我给他包扎之后，竟然也活了下来，不过此人后来走路蹒跚，思维迟钝，看来这开脑之术，还得万分谨慎。"

正说到此处，忽听门外又有人来访。开门看时，却是倪寻、李延两个府吏，分别由人搀扶着过来了。原来，他们两人同时染上了病症，难受的感觉也差不多，都是头痛发热，目赤神迷，本来想支持一晚再来寻医问药，但高烧越来越厉害，两人竟然说起了胡话，故不得不连夜前来。

华佗问症状时得知，两人因一同值宿于衙中，适逢夜晚风寒，加上窗纸坏了，给凉风吹了一晚，第二天就开始感冒咳嗽，又过了一天，就同时发起高烧。

听了两人的病情后，华佗又仔细地给倪、李二人诊了一下脉。然后取出两张药笺，提笔写了药方，分别递给了倪、李二人。何先生伸头瞧去，只见给倪寻的药方上，写有大黄、芒硝、杏仁、桃仁之类，而给李延的药方上，却多是麻黄、紫苏叶、生姜、桂枝和葱白之属，不禁大惑不解，诘问道："华先生，我看倪、李二人之病，都是外感风邪而起，为何治法却大不相同？"

倪、李二人也大为奇怪，说道："我们亦有相同的疑惑，请先生告知。"

华佗捻须笑道："《孙子兵法》云：'夫兵形象水，水之行避高而趋下，兵之形避实而击虚；水因地而制流，兵因敌而制胜。'用兵是这样，用药又何尝不是如此？故世之名医，当御阴阳五行之变，视寒、暑、燥、湿、风之五候开方，观病者喜、怒、忧、思、恐之五情下药。倪寻、李延虽然同感风寒，脉相也有滑脉之状，皆为实症，但倪寻身体肥胖，想必平日多食肥腻之物，是外实之症，故开了泻药，通便去火；而李寻身体瘦小，饮食清淡，故开些发汗之药来疏解。"

果然，倪寻、李延两人服下了不同的药，第二天早上高烧就全退了。到了中午，就觉得神清体健，一如平日。

华佗同症不同药的治病神技，一时间传为美谈。

明验死胎

1

暮春时节，垂柳轻拂，飞絮飘扬。李将军府中的芍药花开得千娇百媚，一场微雨过后，更显得如出浴美人一般令人可喜。白玉栏杆围成的鱼池中，两只羽毛鲜艳的鸳鸯正在水上嬉戏，画楼之畔，紫燕轻飞，珠帘高卷。

然而，李将军府中却丝毫没有人有心赏玩这大好的春光，因为李将军的夫人，病得越来越重了。

这李将军是个才兼文武的儒将，生于大族世家，年少时本来不喜欢杀伐，喜读《左传》，后来因为黄巾四起，天下大乱，才率家族中的人御敌自卫，后投奔曹操后屡建奇功，加封为中郎将。

李将军所娶夫人，是名门闺秀，容貌美艳，性情温柔，夫妻恩爱异常。然而，自打前不久产下一个麟儿后，就变得面黄肌瘦，精神萎靡，后腰时常作痛，行动也十分无力。近日来，更是连下床的力气也没有了。李将军眼见自己的夫人，原本是个花朵般人儿，如今瘦弱得黄叶相似，全家四处寻病问药，拜神求签。

这一日，收到太守陈登的一封书信，提到遇上神医华佗，治好了他的怪病一事，当下吩咐帐下一名记室充当使者，率了十名军校，备了车马去沛国谯县接华佗来。

使者不敢怠慢，一路急匆匆向西南而来。这一日来到华佗所居之处，只见宅院极为简陋，只是七八间茅屋而已，四周种满了杂七杂八的树木，不仅有桑柳榆槐，更有一些说不出来名字的奇异树种。东面有开垦出来的一片田地，种的作物非菽非麦，和杂草相似，想是做了药圃，此时正有各色花朵盛开，引来蝴蝶翩翩而舞。土墙之上，竹笋之中，还有不少正在晾晒的草药。

再看这竹篱之外，犹如集市一般，一群人有男有女，有老有少，都在此处驻足等待。

一个汉子捂着胳膊，咧着嘴不断地抽着冷气，往前挤道："各位乡亲，请让一让，俺这膀子被牛顶了一下，像是折了骨头，可疼死俺了，让俺先找华先生医治。"

一个长须老者却说："小子，我的病比你着急，我心跳气喘，上气不接下气，昨天刚晕倒在地，半晌方才苏醒，再不医治，我这条老命看来就要给阎王爷收去了。"

老者转头对一个手里抱着大公鸡的婆子说道："刘阿婆，你也真是不分轻重，华先生今天这么忙，都是救死扶伤的急事，阉鸡这样的小事，怎么还来麻烦先生？"

那刘阿婆却抢白道："杜老头，你家的公鸡倒是早早地都让华先生给阉了，个个长得膘肥肉厚，不躁不闹，而我家的鸡整天奔来扑去地掐架。要说华先生忙，哪一天不忙？当然了，我这个不是人身上的病，多等一会儿也没关系。但我碍着你杜老头什么事了？你是华先生的什么人？凭啥不许我来找华先生？"

他们正在你一言我一语地争吵，忽然又见一个三十来岁的少妇怀抱一个孩子，看样子只有几个月。少妇啼哭着跑了过来，在篱外高呼："华先生，华神医，救救我家妞儿吧！"

只听屋子的木板门应声而开，一个三十来岁，留三络黑须，相貌清癯的汉子走了出来，对那妇人说道："既是急症，赶快进来！"

此时有人嘀咕道："这位就是华神医吗？恁地年轻？"

那姓杜的老者嗤笑道："你是从外地过来的吧？没见过华神医啊？这位是华神医的大弟子樊阿。"

只见樊阿将妇人和孩子放进去后，就要把门再度关上。李将军的使者挥手让军兵原地守候，自己上前朗声说道："吾等奉李将军之命，前来请华先生去府中诊治夫人之病。"

樊阿见使者身穿官服，身后又站着兵卒，当下也不敢阻挡，任由使者走进了房中。

先见席上横七竖八，躺着十来个病人。多是折足断臂之人，一问之下才知道，原来前段时间，此处有截天夜叉何曼的余党作乱，一番厮杀下来，损伤极多。

走过这间屋子，来到第二进房中，只闻得药气扑鼻，几个炉灶上放着瓦釜，里面煮着各种叫不上来名的药材，几个童子正在用大蒲扇往炉里煽风。屋角处盘了一个地炉，有一个大蒸笼。使者定睛一看，不禁吃了一惊，只见蒸笼里有一个赤身的肥壮汉子，那人盘卧在笼中，闭目不动，似已死去多时。不禁心下大骇，心想这华神医难道还吃人不成？

樊阿见到使者的脸色，情知他误会了，马上喊道："程阿大，起来。"蒸笼中那肥胖汉子应声坐起，诘问道："咋啦，这次还不到半个时辰啊？"

樊阿按了下他的肩膀，说道："没事，继续蒸！"然后转头对使者说道："此人患风湿之病，肩膀和后腰时常作痛，师父让他每天在这蒸笼里蒸上半个时辰，见效极速。"

来到第三间屋子，才看到华佗端坐在席上，正全神贯注地给那少妇怀中的婴孩施针，只见华佗用银针在婴儿鼻口之间的人中及后颈的穴道上刺了几针。

隔了片刻，只听"哇"的一声，那小娃儿发出了清脆的啼哭声，华佗又取来一个小药丸，用米汤给小娃儿灌下，然后责怪道："怎么不早来医治？刚才我很担心，小娃儿闭气已久，多半是救不过来的。"

那妇人"咕咚"一声跪倒在地上，一边哭一边说道："华神仙，本来昨夜我就要前来求您医治，可孩子他爸却不让，说女娃儿命硬，死不了，再说了长大也是别家的人，还说什么孩子是块肉，死了还再有……"

说罢，她又怯怯地褪下手腕上的一只铜镯子，双手递给华佗，眼泪汪汪地说道："华神仙，家中实在穷得没什么钱，连烧饭的柴火棍都没了，这只镯子是我出嫁时带来的，现在权当药钱，要是还不够，我是真没办法了！"

华佗慌忙搀扶她起身说道："且莫如此说，华某行医济世，对贫困无钱者，照例不收分文，诊治费、汤药费一概免除。"

正说话间，有一褐衣汉子自外闯了进来，只见他满口酒气，扯住那妇人就要抢夺镯子，口里嚷道："你这婆娘，原来还暗藏了财物，你这镯子说是早就丢了，现今儿从哪里冒出来的？快给我，让我当几坛酒来喝。"

那妇人死攥着不肯松手，哭道："这是我娘家陪嫁的东西……"那汉子一个耳光就扇了过去，口中骂道："什么你的你的，臭婆娘，连你都是老子的，俗话说：'娶来的媳妇买来的马，任我骑来任我打'，再说你们娘家的兄弟前不久都让贼寇杀了，还有什么人敢来管我？"

哪知他提起胳膊再欲行凶时，突然觉得肩膀上一阵刺痛，接着就半个身子麻木了，右边胳膊软软地垂了下去，他扭头一看，只见华佗的大弟子樊阿手持银针，正站在他身后，情知是他动了手，于是张口骂道："狗拿耗子，你多管什么闲事……"

连使者都看不下去了，上来对那汉子就是一个耳光，打得他眼冒金星，那汉子定睛看时，只见来人一身官服，身形魁梧有力，当下气焰先矮了半截。

使者揪住他的衣襟说道："我乃李将军帐下，你撒泡尿自己照照，哪有一点为人夫、为人父的模样？再这样顽劣不堪，我定让人将你捉去做三年苦役！"

那汉子平生最怕官府和军爷，听见如此说，吓得像癞皮狗一样跪伏在地，不敢再嚣张。华佗命弟子樊阿："取我所藏的'四物女宛丸'来！"

这"四物女宛丸"乃是华佗医治东阳富翁陈叔山的小儿时炼制，当时陈家小儿因"乳中虚冷，儿得母寒"而面黄肌瘦，于是华佗采了不少珍贵的滋补药材，制成这"四物女宛丸"来为小孩医病。

樊阿深知"四物女宛丸"十分贵重，但他更晓得师父的脾气，于是不敢怠慢，赶紧将剩余的几粒丸药都取了出来。华佗吩咐他将药丸分成一些细小的药粒，以便小娃吞服，又仔细嘱咐了一番，教那妇人如何照料小孩，然后让她随丈夫去了。

那使者对华佗拱手道："华先生，某奉李将军号令，请先生到博陵给将军夫人医病，还请马上动身。"

华佗踌躇道："将军有命，佗不敢不从，但阁下也见了，我这里病人众多，能否容我料理一番，明日起程？"

使者道："我们家李将军征战惯了，事事都是急如星火，我们做属下的不敢耽搁，晚了就是军法侍候，可怠慢不得！先生还是即刻起程吧。好在我们备有车马，先生尽可在车中歇卧。"

见使者如此为难，华佗无奈，当下收拾行囊，让吴普随行，留大弟子樊阿继续医治那些病人。又嘱咐道："东村牛老伯，妻子早亡，三个儿子最近也给征入军中，生死不明。他半身风痹，行走不得，你晚上给他送汤药过去，再艾灸一下肩井、环跳、委中、膝关等穴位。"

一切嘱咐停当，华佗这才带了吴普，随使者登车而去。

2

第二天，渡过黄河，使者在驿站重新征了一套车马，继续前行。不想天气说变就变，刚才还是艳阳和风，这一会却从西边卷来了昏沉沉的黑云，豆大的雨点洒落下来，形成了一片雨幕，道路也变得泥泞不堪。勉强行了三五里，使者见雨中驱车实在难走，就停下来在一个道旁的饭铺里暂作歇息。

使者唤来店家，安排了酒饭。但见邻席有一汉子，身穿黑色绸缎的袍子，胖头大耳，红光满面，正在和三个人猜拳行令，身边放了一个大酒坛，喝得极为畅快。

华佗看了一会，走上前劝道："这位兄弟，你身体有什么不适之处吗？"

那人手捧酒碗，对华佗说道："这位老哥，何出此言？在下姓严名昕，盐渎（今江苏盐城）人，前来此地贩绢，家中薄有些资财，一贯能吃能喝，身体棒棒的，没啥不舒服。"

华佗却诚恳地说："吾观阁下，面唇手指，常有不自觉的颤动，此非酒态，乃病态也；又见君双目眦赤，面皮红胀，显是风热壅塞之状；再加上舌苔暗紫，上有瘀斑，更是热邪深重，津枯血燥之状。劝君赶快高卧静养，切不可再饮酒了！"

哪知这严昕却一脸不快，一拂袍袖说道：

"你这老儿，凭啥红口白牙地咒人，扰了我们的酒兴！"

和严昕一起饮酒的那三个汉子，也纷纷向华佗怒目而视，其中一人说道："看你带着药箱，是个郎中，但也不能为了卖药，就胡说八道！要不是看你是个老儿，定让你吃一顿拳头。"说着揎拳捋袖，一副气势汹汹的样子。

华佗无奈，摇头叹息后回到了座位。使者纳闷，低声问华佗："我看那人神旺气足，不像病重的样子，华先生是如何断定他有病的？"

华佗缓缓说道："《黄帝八十一难经》中曾说：'望而知之者，望见其五色，以知其病。闻而知之者，闻其五音，以别其病。问而知之者，问其所欲五味，以知其病所起所在也。'好的医生，只凭望、闻、问就知道个大概，然后再来切脉。现在虽然没有给这个人切脉，但他的面相、舌苔我都瞧见了，也听到了他说话的声音，通过他大碗喝酒，大块吃肉的行径，也知道他平时的饮食习惯，所以断定他必然患有暗疾，随时有中风猝发乃至毙命之虞啊！"

使者听了，半信半疑。过不多时，一刹那雨散云收，复又是暖阳高照。严昕等人吃喝已毕，就先行驱车上路。华佗等人，因饭菜尚未齐备，就又等了小半个时辰。

华佗一行再度上路，约莫走了一里多路，只见前方有辆马车急匆匆地冲了过来，有两人跳下来拦住马头，问道："这可是刚才那位神医的车驾？"

他们见华佗走下车来，慌忙说道："神医说得一点也不差，我家主人果然没走多远，就在车上昏厥了，到现在还没醒过来，还请神医速速医治！"

华佗问道："你家主人晕厥之前，可有恶心呕吐之状？"

那三人点头道："神医说得一点不差，但我们以为是他酒喝多了，都没当回事。"

华佗揭开青布车帘，只见严昕面如死灰、气若游丝、全身软瘫，用银针刺入人中，没有半点反应。当下叹息道："非是我不尽心医治，实在是无能为力。此病乃淤血入脑，极为凶险，一旦发作，药石无力，除非有开颅刮脑之术方能救得，但此术我尚在琢磨之中，不敢擅用。"

说话间，只听严昕气息越来越微弱，华佗翻开他的眼皮一看，只见瞳孔都已经散了，当下叹息一番，说道："你们还是赶快拉他回家，准备后事吧。恕华佗医术不精，无法救治。"

眼见那三人号哭着赶车走了，使者走到华佗跟前说道："原来听得华神医有起死回生之术，如今是因为这人冲撞了先生，故意不为他医治吗？"

华佗摇头道："安有此理！医者在心，心正药真，哪有见死不救之理？只是此人之病，确实无法可病。华某谬称神医，也有很多医不好的病，治不了的人，正如前人诗云：'人生忽如寄，寿无金石固。万岁更相送，贤圣莫能度'，世上安有不病不死之人！"

说着，华佗指了指吴普说："我这徒儿有一个老乡，广陵人，叫梅平，是个军吏。那年找我看病，我一瞧他的面色，就知道他得病已久，这病要是早点找我治疗，还有希望医好，但他来得晚了，我只好劝他赶快回家见见亲人，他最多还有五日之命。"

使者听了，对华佗更为佩服，当下说道："华先生直言不讳，足见赤诚之心。我的老家在并州，有一人开医馆，给自己起了个"阎王愁"的绰号，让自己的亲戚广为散播。他还时常雇一些身体健康的人装成瘫痪，经他施针后马上就活蹦乱跳，以此糊弄百姓。有些病人治不好，他也威吓人家不要四处宣扬，被他当场治死的人，他就说有冤魂追索，或是前世夙债。而且此人架子还很大，行医出诊，必索重贿。"

华佗摇头叹息道："这些招摇欺世之辈，骗些钱还算罢了，更恶劣的是误人性命啊。有时误用针药，反而令人病情加重，甚至致死。这事万万疏忽不得，但庸医却不知深浅，随意而为，往往草菅人命。此非医人，乃是杀人！"

3

话说第四天的早上，华佗就来到了博陵李将军府上。只见这将军府第虽然形制上不如皇家宫阙，但却自有一种威严雄健的气度。门前陈列着长戟、斧钺等兵器，十丈高的旗杆上，黄色的大旗在风中猎猎作响。

使者引华佗来到堂中，李将军忙带了华佗，转入后堂，去夫人的卧室中瞧病。进得门来，先见一扇朱漆的大屏风，上面刻有凤鸟的纹饰。屏风前的几案上有素琴一张，两侧各有一只巨大的铜兽香炉，压着地上的锦罽，散发出袅袅的香气。

李将军唤了一声："夫人，我找医生给你瞧病来着。"转过屏风，只见翡帷翠帐中应了一声，伸出一只纤纤玉腕。

华佗皱了下眉，向李将军说道："恕华佗大胆，能否揭开帘帐，让我看一下夫人的面色？"

李将军脸色一沉，面有不豫之色："吾闻古来名医，只凭切一下腕脉就可以诊得病情，何必多此一举？"

华佗见他不许，当下无奈，只好凭切脉诊断，又仔细询问了一番发病时的诸般情形，思忖了片刻后说道："夫人之脉，有细涩弦急之相，此为娠脉，腹内有胎……"

未等华佗说完，李将军不耐烦地说："胡说八道，夫人刚生了孩儿，还没几个月，哪里会腹内

只见翡翠帐中应了一声，伸出一只纤纤玉腕。

有胎？"

华佗见他如此强横，心下怫然不悦，起身告退说："惭愧，华佗医术不精，这就告退，还望另请高明。"

出来内室后，使者观华佗脸色，知道事情不顺，忙问道："华先生，夫人之病如何？"

华佗不语，只是摇头，径直前行。出了将军府门之后，使者又问："华先生，还望告知详情，夫人之病到底如何？"

只听华佗愤愤地说道："这病我瞧不了！"

使者惊问道："难道是绝症？"

华佗边走边说："《史记》中曾经记载过，扁鹊有'六不治'之说：骄恣不论于理，一不治也；轻身重财，二不治也；衣食不能适，三不治也；阴阳并，脏气不定，四不治也；形羸不能服药，五不治也；信巫不信医，六不治也。有此一者，则重难治也。"

使者深知李将军脾气，听了华佗所言后，立刻猜出是李将军性情暴躁，性格武断，处处掣肘，让华佗难以全心施治。于是扯住华佗的衣袖劝道：

"先生莫怪，将军性急，手下部卒个个都噤若寒蝉，不敢出语，唯将军马首是瞻，所以……"

华佗拱手道："知道了，那就让李将军另请高明吧，华佗本领不济，空劳阁下车马劳顿，实在惭愧，这就告辞归去。"

使者挽留不住，想借匹马给华佗，他也坚辞不受，只好陪他走了一段路，看华佗背了行囊，映着夕阳的余晖，大踏步走出了城门。

回到衙中，李将军沉着脸愤愤地说道："什么名医，我看也是欺世盗名之辈！他见我夫人卧床，有血枯气虚之象，就猜度是有胎在身，哪知我妻刚生了孩子才几个月呢，哪里会有身孕？这一下可漏了老底。"

使者不敢言语，只是垂手听命。李将军又命他从四处征集名医来诊治，开了不少诸如人参、当归、熟地之类的滋补类药物，夫人服了后，觉得精神暂时好了一些。

哪想又过了几个月之后，秋风来袭，梧桐叶落，李夫人赏月之后，忽然觉得腰部越来越痛，起始以为秋风凉着了，唤侍女温汤巾来敷，但并不管用，渐渐连带着腹内也隐隐作痛，下身经血淋漓不断。四处寻医开药，全不济事，李将军见了，每日里顿足而叹。

4

这一日，忽然甘陵国相（注：甘陵国在现在的山东临清一带，汉时大封宗室为王，实行封国与郡县并行制，藩国的行政长官由朝廷委派，称为国相，相当于一郡太守的职权）派人飞报李将军，说有数千贼兵围城，恳请李将军发兵剿灭。

李将军点了二万军马，火速前去，这些贼兵都是狐群狗党，乌合之众，被杀的杀，俘的俘，旋即平定。

甘陵国相见状大喜，当下命人烹羊杀猪，备下好酒，然后扎红挂彩，吹吹打打，迎接李将军等人入城庆功。

酒过三巡，李将军起身拱手，就要告辞。甘陵国相大为疑惑，挽留道："将军鞍马劳顿，保全全城百姓，何不留此盘桓数日，虽不足得报将军大恩，却也让我等尽些心意。如此匆匆而去，恐怕外人还以为在下有什么地方得罪了将军啊！"

李将军见他说得诚恳，于是也坦言道："实不相瞒，贱内有病在身，多日卧床不起了，我心下甚是惦念，说不好听的，只恐回去晚了，见不到最后一面，恕末将实在无心饮酒。"

甘陵国相一听，说道："一个月前，拙荆也是有孕在身，她怀胎六月有余，忽然腹疼难当，行动不得。好几个医生来瞧，药倒是买了一箩筐，全不济事。后来请来一名神医，切脉之后，就断定拙荆腹中的胎儿已经死了，并摇头叹息说这可能还是个男孩儿。这神医开了催胎的汤药，拙荆腹疼大作，犹如临产之时，后来果然产下一男形死胎，如今拙荆已是清健如昔，一如平常了。人们都说幸好是遇上这位神医，否则拙荆恐怕凶多吉少了。"

李将军听后大喜，慌忙问道："兄速速告知这位神医姓名，是否在你甘陵城中？这就寻来随我去博陵，为我夫人医治。"

甘陵国相说道："唉，此人刚走了有十来天，他是沛国谯县（今安徽亳州）人，姓华名佗，字元化。"

"原来是华佗,"李将军喃喃地说道:"看来是我误会此人了。"

甘陵国相疑惑道:"怎么?将军认识此人?"

李将军一拱手,说道:"多谢兄台指点,末将生性急躁,这就亲自去请,等不得酒宴终了,失礼之处,还望担待。"

且说李将军快马加鞭,亲自带人请了华佗,再度来府中诊病。这次不再遮掩,李将军命侍女揭开翡帷翠帐,华佗只见李夫人面色蜡黄,形容枯槁,眼神涣散,实在是病情危重,命若悬丝。

华佗沉吟半晌,对李将军说道:"夫人之病,应该是这种情况。夫人本来怀的是个双胞胎,但一个婴孩出生之后,产妇出血甚多,大伙就只忙乎着救治夫人和照看新生的婴儿,另一个婴孩没有生出来,就胎死腹中了。这死胎结于腹中,所以靠近后腰脊背的位置会隐隐作痛,时间长了必然危及母身啊!"

李将军叹道:"是我之过!之前不信先生之

语，致使夫人多受病痛，身临危境！还请先生妙手回春，阖家上下感恩不尽。"

华佗也叹息道："现在只有尽力而为，将军速速找人去药铺，取蟹爪一升，甘草二尺，然后驴皮熬胶三两。蟹爪、甘草加水一斗，煮后熬成三升，滤去渣滓，再把胶加热了，掺在一起，让夫人一口气喝下。"

接着华佗又取出囊中的四枚银针，分别刺入李夫人拇指和食指连接处的合谷穴以及足腕处的三阴交穴，然后让李将军再寻一个惯于接生的稳婆来。

用了针灸，服了汤药，李夫人开始腹内巨痛，仿佛要生孩子之前的症状。华佗起身走到外屋，将稳婆唤来，嘱咐说："夫人腹内的胎久死已枯，单凭针药无法催下，还请你来帮忙取出才行。"说罢，又细细嘱咐了一番需要注意的事情，这稳婆年已四十，自十几岁就和其母以此为业，手上接生的娃儿少说也有几百个，加上人也很是机灵聪明，当下全然领会。

不知不觉已是天黑，李将军命人多备灯烛，送入内室照亮。连外屋那几盏卧羊型铜灯，也都移入夫人的床榻前去了，外屋只留了一盏小小的油灯，只见那火焰如豆粒般大小，在几案上摇曳不定，一如李将军此时的心情。他偷眼看华佗，却见他盘膝而坐，闭目不语，显得甚是笃定，当下稍稍心安。

约莫过了有半个时辰，稳婆从内室端着一个大铜盆走了出来，口中嚷道："将军，这死胎出来了！"

华佗和李将军看时，只见满盆血污中，一个尺许长的死婴，颜色乌黑，有手有足，头上还有胎发。李将军挥手道："快拿去前院，找个兵卒拿去埋了！夫人情况如何？"

说罢，没等稳婆答话，就径自走入内室。只见李夫人卧在床上，脸色惨白。华佗诊了脉后，对李将军说："夫人只是失血过多，并无大碍。"当下又提笔开了一个药方：用生地黄汁一升，芍药甘草各二两，丹参四两，蜜一合，生姜汁半合。将芍药甘草丹参加水三升，煮取一升，去滓后加入地黄汁、蜜、姜汁，微火煎一、二沸后服用。

如此过了六七日，李夫人身体基本康复，胃口大开，脸色也变得红润起来，不减旧时的俏丽。华佗见状，就来向李将军告辞。

哪知李将军却道："华神医，我特地辟出一处宅院供你居住，每天大鱼大肉，菜肴不下十几种，不知有哪里得罪先生之处？为何现在急着回乡？吾乃知恩图报之人，先生勿疑。"

华佗苦笑道："将军美意，华佗自然知晓。但将军应知《庄子》一书中有"鲁侯养鸟"的故事，说有一只海鸟飞到了鲁国，鲁王发现后很是欢喜，以为它是神鸟，于是把它养在庙里，给它斟了美酒，供上煮好的猪、牛、羊等食物，还让乐队为它奏起悠扬的音乐。但是这只鸟却惊恐万状，头晕目眩，不敢吃不敢喝，一点也不自在，三天就死掉了。华佗也是麋鹿野禽之性，实在住不惯这里，还乞将军放我回乡。"

李将军并非武夫，也是读过《庄子》的，一听华佗所举鲁王养鸟的例子，当下豁然而悟，赠了华佗二十匹绢，命人备了车马，送华佗回乡。

吐蛇悬车

1

云天寥阔，雁行长空；木叶零落，微霜渡河。晚秋的景致虽美，但总是有些萧瑟之感。华佗的马车走在黄土道中，一路上碾过凋零的黄叶，华佗不禁吟起前人宋玉的名句："悲哉！秋之为气也。萧瑟兮，草木摇落而变衰……"随行的吴普用道旁的枯草编了一个小笼子，里面捉了一只蝈蝈，玩得很是高兴，全然没有注意到师父华佗正在感慨唏嘘，伤感不已。

就在此时，只见前面道路转弯处来了一队车马，为首是四名身披甲胄的兵丁，他们呵斥道："快快让开，陈留郡守巡游至此，挡驾者格杀勿论！"

马夫慌忙勒马靠边，不想这马失惊了，反而向道路中间冲去，那几个身披甲胄的兵丁不由分说，对着马头就是几鞭子抽过来，这马惊慌中，一下子向右蹿到道旁沟中，将华佗和吴普两人都跌下车来，摔得浑身是泥。

却见那陈留郡守的车驾耀武扬威，一路扬尘而去。吴普待要找那只蝈蝈笼时，却见那笼子落在道中，已被郡守的车轮轧瘪，蝈蝈自然也给轧碎了，当下号啕大哭起来。

马夫劝道："孩子，你就别哭了。咱们这小老百姓遇上太守，别说弄死你个蝈蝈，就算是弄死咱们，也如同捻死个蚂蚁一般。何况现在是乱世，更无天理王法啊！"

几个人只好停下来，找了个水坑，把沾满泥污的衣服洗了洗，又生了一堆火，一边烘烤衣服，一边烧些汤来喝。这时吴普突然问华佗："师父，你看那做官的人多威风，按说你也知书识字，为什么不去当个官，却要做行医治病这一行呢？"

华佗微笑不语。他望着那跳动的火焰，和这个似曾相识的水坑，思绪一下子飞到了几十年前。

2

汉桓帝和平元年（151），年方六岁的华佗正在水坑边捉小蝌蚪，碰巧捉到一只拳头大的乌龟，他让姐姐帮他做了一个小木车，系上绳子拴在乌龟的身上，又用小铲在地上修了一个平坦的"驿道"，让乌龟拉车在上面跑，玩得不亦乐乎。

正玩得高兴呢，忽然见二叔阴沉着脸，从远处跑过来，抱起华佗就往邻村走，华佗叫道："二叔，放我下来，你这是要把我送到哪里去？我要姐姐，我要回家！"

华佗的姐姐虽然只比他大四岁，但却时时细心照料着这个幼小的弟弟，华佗对姐姐也很是依赖，俩人感情很亲密。

二叔严肃说道："咱们村有瘟疫了，你姐姐刚才就发病了，她现在发着高烧，身体上出现了青黑色的斑斑血印，还喘个不停，估计挺不过今晚了。不单是她，全村有三十多口人都得上了这种病，听说这病传染，得上后，无药可治，只能等死。你爹爹让我带你去你娘舅家住上一段，过了瘟疫再说。"

华佗不懂，也不听，只是哭闹道："不，我要回家，我要姐姐！"二叔气愤地往小华佗屁股上打了几巴掌，强行背起他来，大踏步走到邻村去了。

几个月后，当华佗回到村中时，再也找不到姐姐了。听说他离开的当天傍晚，姐姐就被瘟疫夺去了生命。姐姐的衣服被子连同她随身的东西，都和她的遗体放在一起堆柴烧化了。与姐姐有关的，唯一留下的，只有华佗怀中揣着的那只布老虎——姐姐亲手给他缝的玩具。

眼见华佗手拿那只布老虎坐在门槛上哭个不停，村中一位老爷子，按辈分应该是华佗的太爷那一辈，拄着拐杖过来，挨着华佗弯腰坐下，劝道："孩子啊，老话说死生有命。这场瘟疫不单是咱们村有，听说是从西北边的长安城传过来的，现在南边的九江、庐江等地都有了。这瘟疫过处，死的人特别多，有的甚至整村都死光了。咱村里现在死了一百多口人哪，家家都在送丧，但比有些地方还算轻的了。唉，没办法，瘟神爷谁能治得了？"

华佗抹了下眼泪，问道："太爷爷，瘟神爷是什么？他为什么这么坏？"

太爷爷慌忙捂住华佗的嘴，说道："可不许说瘟神爷的坏话，不然瘟病染到你身上，你可就没命了！"

华佗不服气地说："难道就没有办法能治瘟病吗？"

太爷爷想了想，说道："如果有古时神医扁鹊那样的本事，自然治得了瘟病，但现在良医难觅，更不必说神医了。"

华佗追问道："扁鹊是人还是神仙啊？"

太爷爷来了精神，说道："这你可问着了，这扁鹊虽然是人，但却有着神仙一样的本领。听说曾经有两个人找他去看病，他说你俩身体本来都很好，就是心不合适，如果把心换一下就好了。"

华佗听了这里，惊问："人的心哪里能换，这心不是一摘就死吗？"

太爷爷见华佗吃惊，讲得更来劲了："要不就说这扁鹊是神医嘛。他让两人喝了一种药，立刻昏睡不醒，这扁鹊拿来锋利的刀剪，把两人的胸膛豁开，然后手脚麻利地摘下两人的心换过来一装，用桑皮线这么一缝，就缝好了。给两人灌下醒神汤后，这两个人站起来就能回家啦。说来奇了，这两人换了心后，都是体壮如牛，几十年没闹过一次病。"

华佗听得心驰神往，当下说道："太爷爷，我也要学医，以后像扁鹊一样能治病救人，到时候就不怕瘟疫啦。"

太爷爷却说："孩子啊，你这等聪明伶俐，还是读书做官为好啊。等你长大了，或者选茂才，或者举孝廉，都可以混个一官半职，可比当平头百姓强多了。你若学医，好是好，但耽误了你的前程啊！"

华佗却摇头道："太爷爷，照这样说，聪明的人都去当官了，愚笨的人才来学医治病，岂不是越治越糟糕？世上什么事能比人命重要啊！再大的官，如果他自己得了大病，自己的妻子儿女得了大病，难道他下一道命令就能治好吗？"

太爷爷听了华佗一番话后啧啧称奇，他抚着小华佗的头说道："好孩子，你这么小的年龄就有此等见识，不是寻常人啊，以你的聪明好学，将来一定能成为一代名医。我们华氏先祖，有华元、华定、华亥，都是宋国的大夫，但如果孩子你能成为当世神医，恐怕名闻后世的却是你呢。只可惜太爷爷已是黄土埋到脖子这儿了，你将来的医术，我是享受不到啦。对了，我家中藏有一本《神农本草经》，我这就找来送给你，将来你识字多了，就可以细细研读。"

如今五十多年过去了，那本《神农本草经》华佗早已读得滚瓜烂熟，因为纸张已经陈旧不堪，华佗亲手抄录了两册副本，将原书放在书架上好好收藏。

3

想到这里，华佗就对吴普说道："这世上的人，无论贫富，都有生、老、病、死之苦，你也随我行医多年了，你看那太守陈登何等威风，但能治得了他自己体内的虫吗？李将军杀人如草，但却对他夫人的病情一筹莫展，这些病是当官的能够救治的吗？"

马夫此时插话道："还提啥救治百姓啊，现在当官的个个如吃人不吐骨头的虎狼一般，不祸害百姓就是好官了。"

华佗点头道："是啊，如今朝廷中多是狼心狗行之辈、奴颜婢膝之徒，有道是：'举秀才，不知书；举孝廉，父别居。寒素清白浊如泥，高第良将怯如鸡'。华佗也实在不想与之为伍啊！"

吴普年幼，还不是很明白，于是问道："师父，什么叫'举孝廉'呢？"

华佗一边给火堆里加上几根柴，一边讲道："这孝廉嘛，就是孝子和清廉之士，汉开国高祖皇帝定下了选士之策，才学出众的，就是秀才，现在我们避光武皇帝的名讳，叫茂才，而孝廉则是德行高洁之人。"

吴普说道："我觉得这事也挺好啊，如果做官的都有才有德，那不是一件大好事吗？"

"按说是如此，但是……，"华佗摇头苦笑："到了后来，举孝廉就越来越没真事了，有些人还故意玩花样，欺世盗名。比如有个叫许武的人，为了给自己的弟弟弄个好名声，故意在分家产时多占肥田好宅，给弟弟分的都是薄田破屋，但弟弟并不抱怨。一时间，大家都说弟弟的品德好，于是官府举孝廉时推荐他弟弟当了官。看到自己的目的已经达到，这个许武又重新分了家产，说当初这样说，就是为了成就弟弟的名声，这不是公然做假吗？就这事，有人竟然当作美谈。"

　　马夫这时也凑过来说："是啊，我家乡还有个人，自称是大孝子，说是父母亡故时，悲痛得十天不吃不喝。骗鬼呢，这人不吃不喝，七天准完蛋！这家伙是让人把掺着猪肉的米饭装在竹筒里，悄悄藏在袖子里，没人时就大吃特吃。还有个人，父母死了他伤心得不得了，修了一个大坟，声称要陪父母在坟里住，一住就是二十年。结果你猜呢？他的大老婆小老婆，先后给他生了五个儿子。这不是笑话吗？但很多不知内情的人，还为他的'孝心'感动得落泪呢！"

华佗叹道："所以说'举孝廉，父别居'，就是说有些以孝廉知名而推荐的人，其实和父亲水火不容，早早就分家而居。所以说现在已是朝政崩坏，纲纪废弛。而当年灵帝竟然公然列榜卖官，让大小官吏交钱买官，实在是更为荒唐。"

大家唏嘘感叹了一番，重新登上马车赶路。眼见转过一座小桥，穿过那片枯蔓层层、乔枝郁郁的黑松林，离华佗的家乡已是越来越近。此处靠近谯郡城，人也渐渐多起来。一路上，由于连年的战乱和饥荒，多是十室九空的惨状，大家只能喝皮囊中带的水，啃一口冷干粮。如今瞧见了饭铺，当然是不胜欣喜，于是就驻马下车，坐到草棚下，先喝一碗热腾腾的汤。

华佗心怀大畅，对吴普说道："我在将军府第的小跨院里住了这许多天，虽然是高堂广厦，画梁罗帐，整天熏着那沉香、百合之类的香料，但却觉得还没有住我那七间茅屋更舒服，闻着我煮的那些草药的气息更提精神啊！"

吴普也说道："是啊，虽然大鱼大肉，住得也好，但是就是浑身不自在。感觉咱们就像将军府上金丝鸟笼中的那只鹦鹉……"

4

正说着，忽然见前面一辆马车上下来一位身穿绸缎的中年男子，他面目清癯，留着三络长须，倒也有些斯文的样子。但见他冲下车来，走到道旁，就弯腰欲呕，干呕了半晌，却没有吐出什么来。他又抑头抚胸，努嘴挤眉，似乎要用尽力气咽下去什么。这时候，两个仆人过来搀扶，他一拂袍袖，怒道："让你们请医生，请来的都是不中用的庸医，我这个病怎么也治不好，这咽不下吐不出的感觉太难受了，我现在饭也吃不下，这可叫我怎么活！可怜我高堂老母年衰，一双儿女尚幼，将来他们依靠何人？"

说着，此人竟然坐在路边草丛上，泣不成声。

华佗见状，放下饭碗走到此人面前，仔细看了看他的面色，然后说道："这位先生，我教你一个法子，你从这条道上往南去，找一家卖饼的……"

这人倒也性急，没等华佗说完，就抢白道："就我现在这样儿，连汤都难以喝下，你还让我吃饼？"

华佗笑道："不是让你吃饼，是卖饼人家常备有切成碎末的蒜，你把这些蒜末加上浓浓的陈醋，然后一口气喝上三升，别犹豫，捏着鼻子喝下去就好了。"

此人半信半疑，令奴仆扶他上车，速速向南去找饼铺。走不多时，只见道旁一棵半枯的古槐树下，正有一个饼铺，热腾腾的大饼烙在火炭中的卵石上，泛出金黄的色泽。但此人哪里有胃口，当下抛下几文钱，向店家讨来浓醋蒜末，盛在大陶碗中，按华佗所说，一口气灌下。喝下不久，只觉腹内翻江倒海一般的闹腾，然后就忍不住弯下腰扶着那棵老槐树大吐特吐。

奴仆慌忙捶着他的后背问道："主人，怎么样了？"

那人停下来喘了口气说道："舒服，舒服！比原来咽不下吐不出的感觉可是要好多了！"说着，胃中又是一阵翻腾，他弯腰再吐时，只听仆人一声

此人向店家讨来浓醋蒜末，一口气灌下。

惊呼："主人，有蛇！"说时迟那时快，一个手快的仆人伸出一抓，从他的口中拽出一条"蛇"来，那"蛇"有筷子般粗，但比筷子还要略长一些，大伙无不惊骇。

卖饼的店主笑道："阁下应该是遇到神医华佗了吧，他就住在离此地五里远的村子里，到我这儿来治这种病的，这十多年来，也有不下百许人了。"

这男子呕完以后，顿觉神清气爽。他听了店主所言，心想华神医治好了我的病，总要谢他才是，于是命奴仆赶车，奔赴华佗的住所。

这人把"蛇"悬在车边，急急奔赴华佗的住所，只见竹篱之畔，一大丛黄色菊花正在盛开，两个孩童一个拿着木刀，一个拿着竹盾，正在那里打闹玩耍。他们见到来人车辕上悬的这条"蛇"，当下就欢欣鼓舞，拍手笑道："看，这人一定是在路边遇上爹爹了，看他车边挂的虫子就知道啦。好哇好哇，爹爹要回家啦，我们这就去告诉娘。"

此人走进屋子，只见屋内北墙上，悬着几十条虫子，都是他吐出来的死"蛇"模样，有大有小，小似蚯蚓，大似长蛇，均已脱水风干。此时华佗弟子樊阿出来相迎，问道："这位先生，尊师不在家中，如是找华先生医病，请缓几日再来。"

此人将车上的悬"蛇"递过去，说道："在下途中已遇到了华先生，此番是特地来道谢。"

樊阿听了欢喜道："阁下在途中遇到了尊师？这么说我师父已经到了家门口了？"

"是啊，我以为尊师早已回家了呢，谁想华先生比我还迟。"

正说话间，正听车马声响，华佗回来了。原来一路上又遇到两三个乡亲拦着他求医问药，华佗一一为他们诊病开药，是以迟归。

那人迎上了上去，对华佗深施一揖说道："承蒙华神医为在下解了病痛，只可惜此番出门，没有多带钱物，现把我随身带的一枚玉珮送给先生，权作医资，还乞笑纳。"

说罢，就把一枚白玉镂雕的美人型玉珮递了过去。

华佗忙摇手说道："你又没用我的药物，用的是饭铺的蒜末和老醋，我不过是张口之劳，连举手之劳也算不上，安能受此重赐？"

那人却道："我这病症，一路看了好几处医生，也花钱买了不少所谓名贵珍奇的药物，结果却全不济事，哪知先生只靠一句话，就点醒梦中人，这病治得如此轻易，真乃神医也！对了，在下还要请教，我肚里吐出的这条'蛇'是什么来历？敢是有妖魅附身吗？"

华佗笑指那一墙早已晾干的死"蛇"，对他说道："此非蛇，乃是蛕虫（即现在的蛔虫），这东西一般长五六寸，亦有长一尺者。闻甘则起，闻酸则吐，闻苦则定，闻辣则头伏而下。患者腹内上下作痛，有时会感觉心痛，有时会吐涎及清水。前人医书曾记载：人腹有九虫：伏虫长四分，乃群虫之主也；蛕虫长五六寸至一尺，发则心腹作痛，去来上下，口喜吐涎及清水；白虫长一寸，色白头小，生育转多，令人精气损弱，腰脚疼，长一尺，亦能杀人；肉虫状如烂杏，令人烦闷。肺虫状如蚕，令人咳嗽，成痨杀人；胃虫状如蛤蟆，令人呕逆喜哕；弱虫又名鬲虫，状如瓜瓣，令人多唾；赤虫状如生肉，动作腹鸣；蛲虫至微，形如菜虫，居胴肠中，令人生痈疽、疥癣、腐疠、痔瘘、疳匿、龋齿诸病。诸虫皆依肠胃之间，若人脏腑气实，则不为害；虚则侵蚀变生诸疾也。"

那人赞道："华神医真是博学多闻，在下有一事请教，听说人身中有三尸虫。又分为上尸三虫，中尸三虫，下尸三虫，合成为三尸九虫，可与先生所说相合？"

华佗摇头道："三尸九虫之说，颇多神异怪诞之处，并无实证。就是前面医书中所说的九虫之属，也有一些和华某行医中所得的经验不合。待我再积累一些医案后，将之整理到我那本《青囊经》中，以免贻误后人。"

然后华佗又开了一副药，交给那人带回去，嘱咐道："前人医书曾说这些虫是'得木气乃生，得雨气乃化'，又说'诸木有蠹，诸果有蛴，诸菽有蚼，五谷有螟'，似乎是人体内自己生出来的。但就我多年行医之经验，只要不吃生肉生鱼等物，吃瓜果时，要洗净去皮，并随时洗手，腹内生虫的情况就完全可以杜绝。还望先生把这些都告诉周围的人，此病预防不难，但一旦得了，有时却极为难治。"

那人又是一番感谢，见华佗坚持不肯收下玉珮，于是躬身长揖后说道："先生如此轻财好义，治病救人，实在世所罕见。在下是知恩图报之人，心下已有了主意，一个月内，先生就静听佳音。"

华佗正待答话，这时樊阿又领进来一个被牛顶伤的病人，他慌忙去查看来人伤势，于是就没有细问。

拒征孝廉

1

天越来越冷，树叶渐渐落尽，只剩下光秃秃的枝桠。一场雪，给山河大地都换上了银装。时值腊日，虽然是战乱之年，但人们还是敲锣打鼓，赛神祭天，给漫长沉闷的冬天带来一丝生机和活力。

这天吴普和樊阿正忙着在屋中碾制药材，忽然听得锣鼓声越来越近，竟然是走到华佗的房子前面来了。吴普出门看时，只见郡丞坐在轿子中，里正和几个父老相陪。里正看到吴普，喝道："快去请华先生出来，本郡今年举华佗为孝廉。"

吴普说道："师父有事去村西北的柏树林中

了，这会儿不在家。"

里正板起脸来高声道："你师父被举为孝廉，这等大喜事来临，还忙什么其他的事，快快请他回来！"

然后他回头满脸堆笑，对郡丞说道："上官请屋内暂时歇息，这就唤华佗过来。"

郡丞点头吩咐里正道："速速前去将华佗招来！你也跟着去，让他莫要迟缓！"

里正慌忙应诺，跟着吴普一路小跑奔向村西北。这柏树林是个乱葬岗，村中赤贫之辈以及郊野路边的无名死者，都是用破席一卷，胡乱埋在这里，所以很少有人来此地。时值冬日，此处更是寂寂无人，只有寒鸦呱呱叫着飞过，令人有毛骨悚然之感。

这雪后的田间小路，甚是湿滑难行，里正是个年方四十左右的汉子，极为肥胖，跑了一段路，就已经是上气不接下气。他跟吴普说："你先跑过去告诉你师父吧，我慢慢走。"吴普答应，率先跑去了。

里正喘着粗气走了一会儿，穿过一片坟堆之

后，望见林中有一个茅屋，心想这定是华佗所在之处了。只见两扇半开着的屋门是用荆条编成的，里正就径直闯了进去。

眼见的场景让他大吃一惊，他不觉两腿发抖。但见屋里正中有一块木案，案上横陈着一具无头男尸，浑身赤裸，胸膛和腹部都被剖开，五脏全给挖空了。旁边一个火炉，上有一只大镬，煮的是鲜红的血水。

里正心惊肉跳，转身欲逃，却见华佗提着一木桶水走了过来，鬓发上结满了霜花。里正忙叫道："华佗，你一个人跑这里来做什么？怎么还弄个死尸来煮？难道你还吃人肉不成？"

华佗笑道："里正不必惊慌，华佗又非妖魔，哪会吃人肉？这是华佗在做解剖。"

"解剖？"里正从来没有听过这个词，疑惑地问道。

华佗将铁镬中血水倒掉，又将桶中的水灌入，放入染了血的刀剪，说道："《黄帝内经》中说：'若夫八尺之上，皮肉在此，外可度量循切而得之，其尸可解剖而视之，其脏之坚脆，腑之大小……皆有大数',作为医家，不可不知人体的构造。莽逆（王莽）篡位之时，曾令太医和屠夫一起剖割举兵造反的王孙庆，但此举一多半是为了行刑泄愤，虽然也令后世医者知晓了脏腑的大小位置，但总是不真切。后来不少医家，对人体腑脏结构完全不懂，单凭古人验方就开药治疗，但有些生在肚皮里的疾病，哪里是扎针服药能解决得了？"

里正疑惑道："难道剖腹摘肠之后，人还能活？"

华佗答道："只要琢磨出好办法自然可以。华佗医治过不少战场上受了重伤的人，有不少人肚破肠流，加以医治缝合，待痊愈之后，行走饮食与常人并无大异。所以如能研究出开腹之法，割掉肝脾肿腐溃烂之处，定能救得病人。不久前督邮徐毅有病，华佗去看时，见他腹胀如鼓，于是让医曹中的小吏刘租给他扎针，那人手法不熟，误刺其肝，致使肝脏肿胀化脓。华佗未习得开腹剖肝之术，不敢擅动，这徐毅右腹越来越痛，号叫了五日，气绝而亡。事后华佗很是惭愧，于是归来便寻思要练习开腹的技艺。正好前日有几个盗贼被斩首后，无人收尸，此时天寒，并未腐坏，于是华佗便将尸体运到此处来了。"

里正听了，这才明了。正在此时，只见吴普手里拎着一只肥大的野兔跑了进来，说道："师父，师父，看我捉到一只兔子，是烤着吃还是炖着吃？"

见了吴普，里正叱道："你这小崽子，让你来通报你师父，你却跑去捉兔子，看我不打断你的两条腿！"

吴普见状害怕，忙躲到华佗身后。

里正这才想起自己此行的重要任务，又骂道："都是你这小崽子，让我把正事都给忘了，华佗啊，快回家去！郡丞大人和乡中父老都来为你道喜呢，今年咱们郡中举孝廉二人，其中一位就是你啊！"

原来，前不久华佗所医那个道旁"吐蛇"的男子，乃是谯郡太守的妻弟，因受华佗之恩，故写信推荐华佗为今年的孝廉之选。正好郡守又接到广陵太守陈登之父陈珪的书信，也是极力推荐华佗，故而，郡守便派其副手郡丞带人前来宣召华佗。

2

走出林子，里正见华佗一身破衮袄，上面还沾上了斑斑血迹，就责道："哎呀，你这个样子怎么去见郡丞，要不先去我家，找件衣服给你换上吧。"

华佗摇头道："华佗一向如此，还是以本面目相见为好，否则就是欺蒙长官了。"

里正知他性子执拗，当下不再勉强。

回到村中，只见家门口聚了一大群人，正在议论纷纷，有的说："华先生如今可是发达了，可见好人必有好报，这也是华神医行善积德的福报啊！"

也有人叹息说："以后咱们要有个头痛脑热，跌打损伤还好说，再有了疑难病症，可找不到华先生来给咱救命了！"

眼见里正陪着华佗前来，众人自动闪开了一条路。大家的神情都很复杂，有人的眼中还噙着泪花。

见了堂中踞坐的郡丞，华佗施礼后昂然说道："华佗鲁钝，性子疏野，难当孝廉之名，还望长官

华佗施礼后昂然说道："华佗难当孝廉之名，还望长官收回成命。"

收回成命，改选他人。"

此话一出，郡丞大为吃惊，心想别人都花重金行贿，不惜伪饰德操，来求孝廉之选，一旦有名，都是欢喜不尽，怎么还有人坚辞不受？但他转念一想，前一段堂兄给他送了重礼，想求这个孝廉的名额，如果华佗不应这孝廉之选，必定要改选他人，那堂兄就又有了希望。

想到此处，郡丞开口说道："华佗，你可仔细想好了，如果你真要辞孝廉的名位，我就回复郡守，改为他人。不过空口无凭，你要写个书札，说明此意。"

室内有笔有墨，是华佗平日行医时开方所用，当下华佗走过去，提笔欲写。不想那两位父老却一左一右，挤了上去，一个捉住华佗的右手，一个将砚台拿开，左边老者名叫华二太公，桓帝时曾做过小小的书吏，此刻满脸通红，激动得白胡子发颤："华佗啊，你为何如此不识好歹！这举孝廉，四十岁后方得入选，二十万人中才选得一人，这是何等难得的机会，就连曹公（曹操），也是通过举孝廉才当上了大官，你要是选了孝廉，风风光光地坐上车子入京做官，咱们全村姓华的都面上有光啊！岂不闻前人诗云：人生寄一世，奄忽若飙尘。何不策高足，先据要路津。无为守穷贱，坎坷长苦辛！"

另一位须发皆白的老者也说："中平六年，太尉黄琬派车来征召你去朝中做官，你说当时董卓秉政，此人豺狼成性，十分残暴，故而不去应召。而今董卓已除，天下有望太平，你却又放弃这个机会，真是猪油蒙了心啊，你就真愿意一辈子在这里给人看病，也不图个封妻荫子，光耀门庭？"

华佗却目光坚定地说道："那当年我力辞太尉黄琬之聘，事后看来，对也不对？"

两位老者对望了一眼，他们自然都知道后来的情形：黄琬出身官宦世家，乃是尚书令黄香曾孙、太尉黄琼之孙，年幼时聪明过人。他的祖父黄琼所在的州郡发生了日食，太后下诏询问："日食到底是个什么样子？"黄琼一时觉得难以描述，而当时只有七岁的黄琬却说："何不这样说：'日食之余，如月之初'？"祖父闻言大喜，时人也纷纷夸赞他聪明。而等他当上太尉时，已经是年过半百了。时隔不久，就因为反对骄横的董卓迁都长安而被罢免，旋即又被董卓的余党李傕、郭汜捉入狱中害死。假如华佗当时应征入朝，结果恐怕也不会太好。

华佗态度坚决地说道："华佗实在是不适合做官的人，诸位就不要强人所难了！当年高士韩康隐姓埋名，三十年卖药为生，桓帝亲自征召他，他却中途逃入深山。华某虽不才，但心里十分崇敬这位前辈，如果强征华佗，莫怪华佗也像韩隐士一样中途逃走。"

说罢，华佗提笔写道："陟彼北芒兮，噫！顾瞻帝京兮，噫！宫阙崔嵬兮，噫！民之劬劳兮，噫！辽辽未央兮，噫！"

郡丞和华氏二老见华佗写的是前辈隐士梁鸿的《五噫歌》，知他不愿为官之志极为坚定，当下不免有的摇头，有的叹息。里正识字不多，看不懂华佗所写的意思，但观其情形，也明白了华佗的心意。他甚是不解，只是搓手顿足，替华佗惋惜。

眼见郡丞登车扬尘而去，华氏二老及里正也愤愤然地离开，咆哮的寒风中，只剩下华佗像一棵孤松在庭中默然而立。这时候众乡亲聚了过来，一老妇道："华先生不去做官，可便宜了我们这些百姓啦，刚才我们还发愁华先生一走，我们再有个大病小灾的，可再也没有了指望……"

另一个汉子也说道："如今华先生留了下来，我们个个都欢喜不尽啊，我这里有一只母鸡，送给华先生，过年时炖碗汤吧！"

他这么一说，大伙纷纷拿来自家的东西，这个送几个鸡蛋，那个送几升黄豆，还有的送来一箩筐大萝卜。华佗推辞不受，这些人却死拉硬拽，非要留下不可。

一时间华佗的心中，有一股暖流在荡漾，他望着乡亲们纯朴诚挚的面庞，慨然说道："华佗早年就立志不求仕进，如今年过半百，余日无多，更无上进之心，唯愿行医采药，和众乡亲一起守在这桑梓之地，以终天年。"

巧治蛊肿

1

不觉冬尽春来，雪化云开，屋前的柳梢不知何时，已被悄悄染上了鹅黄色的新绿。带着田间野草气息的暖风吹进窗来，让人感到格外舒服，浑身的筋骨仿佛也如那融化了的冻土一般，充满了活力。

华佗放下手中的笔，看着自己这本《青囊经》越来越厚，不禁心下大慰，他对樊阿和吴普说道："我这本书现在还十分零乱，待我有了时间，按本草、针法、脉诀、医案等项分门另类，以贻后世医者，造福苍生。"

樊阿说："师父这本书，多有发前人之未发之处，其中像割瘤除赘之刀术，只是传说中扁鹊用过，但现存医书中无人详细解说。"

华佗叹道："说来惭愧，为师这段时间虽然动刀切了几个病人的瘿瘤，但真正开胸剖腹的手法，还是远远没有成熟啊！因此还不敢写入书中，以免贻笑后人。"

吴普插话道："师父，这人开膛破肚后真能继续活着？听老人家说，开膛破腹后会伤了元气，就算能活，也会折寿一半。"

华佗摇头笑道："这些传闻不足为凭，我曾医过一人，打仗时肚子被敌人的刀划开，当时肠子都流了出来，好在缝合止血及时，此人年已六十多，至今健在，可见折寿一半的说法，纯属臆测。"

樊阿一手持刀，跑过去捉住吴普，笑道："师父，咱就拿吴普来试试，把他的心肝摘出来再装进去！"

吴普慌忙挣扎，不小心一下子碰到了樊阿手中的刀子，胳膊划了一个小口儿。樊阿慌忙抛下刀子，连声向吴普道歉，又给他包扎上药，口中说道："我是吓唬你玩呢，难不成真要剖开你的肚子不成？你不乱动还好，一动反而伤到你了。"

华佗却若有所思，口中喃喃地重复着樊阿那句"不乱动还好，一动反而伤到你了"，此时樊阿也醒悟道："师父说的是动刀治病时，病人经常因为痛得受不了而胡乱挣扎？"

看华佗点头，吴普接口道："是啊，前一段师父给牛老伯割脖子上的大瘤子，我们绑住了他的手脚，但他的头还是乱扭，我按也按不住……"

华佗说道："是啊，他突然一扭动，我手中的刀子差点割开了他的喉管，想想就后怕。而且动刀的过程中，他一直在惨叫，让人听了实在心下不安。"

樊阿也说道："是啊，牛老伯叫得太惨烈，其他的病人听了，都改变了主意，不愿意接着医治了。"

华佗站起身来，在屋内踱了几步，又道："病人痛苦难忍且不论，而如果是开胸剖腹之术，倘若他猛一挣扎，误割了腑脏，麻烦可就大了，怎么有个法子，让病人无知无觉才好。"

吴普忽然想起一事，说道："师父，咱们去年冬天医治那个醉酒后摔断腿的刘二，给他接骨时，他烂醉如泥，并无知觉。别人接骨，都痛得呼天叫地，他倒好，免了疼痛之苦。我想，咱们是不是也在动刀之前，让病人多喝点酒，醉得人事不省，再开刀医治呢？"

华佗摇头道："此事我也再三考虑过，刘二只是一个特殊的例子罢了，不是所有人醉酒之后，都是这样的状态。我行医多年，也治过不少酗酒过度之人，这些人有的大醉之后语言错乱、动作暴躁，如疯似狂，更难掌控；也有的人沉醉后呕吐不止；还有人虽然昏迷不醒，但事后却伤了五脏六腑，以致病上加病。更有人饮酒之后，浑身发痒，气虚心跳，有性命之忧。所以说，还是要配得一味麻药，让人如昏似醉才好。真要有扁鹊时所用的那种迷酒就好了。"

吴普说："我听说有人从天竺僧人那里弄到一种迷药，掺在酒水中，能让人很快就昏迷不醒，毫无知觉，有些盗贼就用此来害人呢。"

师徒三人正在议论，忽听门外马蹄声响，来了两名趾高气扬的使者，他们蛮横地喝道："济阴吴太守有疾，令华佗五日内前去医治，如不奉令，收拿狱中讯问！"

说罢，这两人就跃马扬鞭，扬尘而去。

樊阿望着来使的背影，愤愤地吐了一口唾沫："这个太守实在是骄横得很，从来没见过这样求医看病的！"

华佗也阴沉着脸，心下极不情愿。这时华佗的妻子出来了，劝道："自来民不与官斗，我这就给你收拾行李，好歹过去一趟吧！要不然，终将惹祸上门。"

华佗无奈，但心下十分郁闷，晚上只是喝了几杯闷酒，连饭也没怎么吃，就早早歇了。

2

第二天，华佗还是留大弟子樊阿守在家中，继续料理那些病人。自己带着吴普，背了药箱和药囊，徒步上路。

师徒二人一路向北，在黄土道上走得大汗淋

漓，吴普抱怨道："这个太守也太可恶了，师父您出诊多年，哪一位不是恭恭敬敬地派车马来迎？哪有这样求医的？不如我们胡乱开些药给他，让他的病越来越重……"

没等吴普说完，华佗的脸色一沉，叱道："吾等行医之人，万不可有此念头，无论求医者是否蛮横无理，不治则已，治病时万不可欺蒙敷衍，更不可故意用药害人，但违此道，不要再做我华佗的弟子！"

见师父生了气，吴普当下唯唯称是，不敢再言。

正在此时，忽听身后马蹄声响，一队顶盔贯甲的军兵过来，对华佗师父呵斥道："快让开！快让开！彭城夫人的车驾到了！"

师徒二人索性坐在道旁的杂草之中，暂时歇息。只见几辆车驶过，其中一辆紫色帷盖的辎车，以红绸为帘，饰以玉坠，带着一阵香风驰过，想必里面坐的就是彭城夫人了。

吴普感叹道："这些贵人如此威风，可我们刚才道上遇到的那些穷人，一个个背着柴禾，扛着木头，挑着担子，压得背驼腿弯，真是苦乐不均啊！"

华佗也嗟叹不已，说道："秦朝时的宰相李斯，曾说过一个仓鼠和厕鼠的故事。他说仓库中的老鼠，待在巨大的粮仓里，整天吃得饱饱的，也很少会有人来这里捉它们。而厕所中的老鼠，吃着肮脏的食物，还经常被上厕所的人惊吓和追打，这就是所处的位置不同啊！"

"那师父为什么屡次拒绝当官，还是愿意当个乡下的医生呢？"吴普又提出了疑问。

华佗答道："如今世道，为官者必须对上级谄媚阿谀，对百姓心黑手狠，师父是做不来的。所以还是当一个终日研究医术的乡野之人为好，而且医道本身，仰之弥高，钻之弥深，当我研究出一种新方法治好医人之时，心中之乐，是当多大的官也换不来的！再说，救人疾苦，也是一件大有功德之事。"

吴普听了，也慨然说道："我也要像师父一样，这辈子就行医度日了。医家虽然清苦，但大多数人都是对我们感恩戴德的，不像那些耀武扬威的官，张牙舞爪的吏，虽然表面上大家不得不畏惧，心里头却痛骂他们呢！"

师徒歇息了一会，眼见天色将晚，又有乌云从北面卷来，于是慌忙起身，继续前行，趁早投宿。

3

又约莫行了二十多里路，来到一条河边。却见河上的木桥已断，无法通行。叫了半天，也不见有渡船过来。眼见疾风夹着雨点，扑面而来，师徒二人冷得在雨中不住地发抖，此处并无村庄，只有一家驿站，于是两人慌忙来到这家驿站借宿。

驿丞五十多岁，已是白发满头，见了华佗后两手一摊："彭城夫人的车驾因为无法渡河，将此驿馆征用了，现在一间房屋也没有了，实在抱歉！"说着，就要关门。

华佗忙道："此处别无人家，再看这天气如此恶劣，阁下就行个方便，收留我们二人住一晚上，就算是柴房马厩，我等也不嫌弃。"

驿丞见他们实在没有办法，于是就让他们住进了堆满干柴的一间小屋子里。

虽然这个屋子气味难闻，地面潮湿，但总比雨中露宿要强，华佗师徒找来一些干草铺在地上，然后就枕着自己的包袱沉沉地睡去了。

睡到半夜，忽听得外面人声喧闹，夹杂着吵嚷叫骂之声。华佗睡得比较轻，他悄悄打开木板门，瞧一下到底发生了什么事。

只见几个兵丁将老驿丞拉出屋外，不住地拳打脚踢，口中骂道："老狗，速速去请医生来给夫人医治，一个时辰请不来就剁你一根指头，两个时辰请不来就剁你三根指头！"

那驿丞摔倒在泥水之中，哀求道："这深更半夜，天冷地湿，小的赶去城中，也足足要三个时辰啊！"

那兵丁又踹了他一脚，骂道："夫人的伤要是厉害了，你我的脑袋都要落地，你这老王八也活得差不多了，小爷我可还没娶老婆呢！"

说罢，那几人就愤愤然地回屋去了。

见老驿丞满脸血污，双目青肿，挣扎着从泥水中爬起来，华佗慌忙上前说道："老兄莫慌，事有凑巧，在下便是一名医生。但不知深夜之际，彭城夫人是何疾病？为何怪罪在阁下的头上？"

驿丞哭丧着脸说："别提了，彭城夫人本不想在此地歇宿，但河上的桥昨天被一伙盗贼烧断了，河上又没有大船可渡车驾，所以只能住在此地。我急急忙忙把夫人所住的居室打扫得干干净净，却忽略了一个地方！"

这时吴普也跟了过来，追问道："什么地方啊！"

驿丞苦着脸说道："茅厕！彭城夫人晚上起身去厕所，被一只蝎子蜇了手，现在疼得连声叫唤，不住地发怒，所以她手下的兵将过来打我。"说着说着，老泪纵横，泣不成声。

华佗却笑道："此乃小事，医治容易，待我给她看一看。"

驿丞打量了一下华佗，疑道："先生真懂医术？敢问高姓大名？"

华佗捻须一笑："在下姓华名佗，字元化，沛国谯人也。"

驿丞倒也听说过华佗的大名，当下喜不自胜，欢喜道："原来阁下就是神医华佗，苍天有眼，救了我一命。"

4

来到彭城夫人所居的内室，只见她四十多岁，脸似银盆，肥肥胖胖，一看就是自小养尊处优的人。她也不避嫌，直接让侍女打开帘幕，任华佗望视诊治。

华佗看去，只见她的手掌肿得好高，像个大面饼，安慰她道："蝎子虽然有毒，但远不比毒蛇之类，并无致命之忧，夫人不必多虑。"

彭城夫人却很生气地说："就算是死不了，我这手掌疼得连觉也睡不着，可怎么办？再说了，明天我还要去见我的亲家婆，这手肿成这样，岂不被人笑话？你定要想个法子，速速治好我的手才是！"

出门在外，华佗身上带的药物根本不全，如今身处荒僻之地，也没处给她抓药，于是略一思忖，想到一个主意，于是说道："夫人勿忧，华佗自有

华佗看去，只见她的手掌肿得好高，像个大面饼。

法子，包管明天早上，肿痛全消。"

说罢，华佗叫来夫人的两个侍女，令她们用铜盆接了热水，把夫人肿胀的手掌放在盆中热敷，一旦热水转凉，就再换一盆。

彭城夫人把手掌浸入热水之中，顿时觉得不那么疼痛了，她已疲倦至极，一会儿就呼呼大睡，只是辛苦了那两名侍女，忙了一夜。

第二天一早，当彭城夫人醒来时，手掌已经完全不痛了，虽然还有些红润之色，但肿胀全消。于是大为高兴，召来华佗，取来二千钱要赐给他。

哪知华佗却推辞道："昨晚并未用药，夫人若付诊金，也无须如许之多，但有一百钱足矣。只是夫人的两位侍女一夜操劳，还望夫人赏赐她们。"

哪知夫人却嗔道："她们都是我的家奴，侍候我是分内之事。"

华佗摇头道："佛说'六道轮回，众生平等'，不知夫人听没听说过这样一个故事：前朝重臣杨震之父杨宝，九岁时救得一只黄雀，后来黄雀养好伤病后飞走了。当夜，他梦见有一黄衣童子前来道谢，并赠白玉环四枚，称可保其子孙位列三公，身正名廉，一如此环。后来果如其言，杨宝之子杨震、孙子杨秉、曾孙杨赐、玄孙杨彪四代公卿，为世人所羡。禽兽尚有灵性，何况于人？还望夫人善待下人，必有结草衔环之报。"

彭城夫人自来也信佛诵经，听华佗如此说，倒是心下悦服，于是分赏了两个侍女每人五百钱。当问起华佗师徒是前往济阴时，夫人说道："既然顺路，我这里有好几辆车，不妨捎你们一程吧！"

华佗推辞道："这恐怕有所不便，华佗还是自己走吧！"

彭城夫人却爽然笑道："一个皓首老翁，一个黄口幼童，有何不便？且莫推辞，随我们行路吧！"

智激郡守

1

搭乘了彭城夫人的车驾之后，华佗师徒这才免了路途上的辛苦。这一日就来到了济阴郡（今山东菏泽市定陶一带）城下。

但见这济阴的城楼，倒是高大雄伟，只不过西北角残了半边，尚未修复，城墙上也满是坑坑洼洼的撞痕，想是几年前曹操和吕布在此攻战时留下的痕迹了。

华佗师徒来到城中心的县衙，守在门口的衙役将他们领到堂中，只见一人起身相迎，此人穿一身淡蓝色绸衣，三十上下，面色白皙，见华佗后温言说道："先生一路辛苦了，未得远迎，还乞见谅。"

华佗一怔，心中有些疑惑，想这济阴太守为何前倨后恭，脾性大为不同？待他再仔细一看，当下了然，于是淡然一笑，说道："不必客套，我们速去瞧病人才是。"

这人赞道："先生一眼便瞧出我并非病人，确是高明。济阴太守乃是家父。"

说话间，只听一个粗豪的声音说道："那华佗可来了？让他到内室来给我瞧病！"

华佗走进内室，只见一个胖大的汉子半躺在榻上，生有虬髯，满脸横肉，甚是凶恶。

华佗问道："太守是何症候，何处不适？"

那吴太守瞪了一眼，嚷道："啰嗦个什么，快点给我把脉，我如果知道是什么症候，还让你来做甚？"

华佗强忍胸中怒气，为他切了下脉，然后说道："阁下之脉象大而有力，如波涛汹涌，来盛去衰。应是热盛邪灼，气盛血涌，必有头部胀痛、胸中烦恶，气促心慌等症状，是也不是？"

吴太守一听，心中一惊，不禁赞道："说得不错，我这一段时间真是头昏脑胀，胸中烦恶，和醉酒的感觉差不多，因此我连酒也不敢喝了，哪想戒了酒后，并未好转。既然如此，华先生，速速为我医治！"

华佗微微一笑，心下有了主意，当下说道："阁下之病，委实难治。医方好开，医药难寻。"

那太守又怒道："难道是龙肝凤髓不成？若不是这些东西，凭我吴太守的本领，什么药弄不来，就是要活人的脑子，也不为难。"

华佗笑道："这倒不用，只是此药要用黄金十两、白银五十两，加以炼制，三日可成。"

那太守哂道："这有何难，我吴太守为官二十载，不敢说家里有金山银山，这点钱于我实在是九牛一毛耳！"

说罢他吩咐儿子："领这华佗到府库去取金银！"然后转头又对华佗说道："华老儿，你用了我如此多的金银，要是还治不好我的病，可要你的脑袋来抵偿，明白不？"

华佗默然不语，随太守之子退了出去。到得门外，华佗悄声对太守之子说道："令尊之病，乃是气血凝结于胸中，不得宣泄所致。纯用药物，其实难于见效，还请公子帮一个忙。"

太守之子听了，当下应诺："先生但有吩咐，我都一一禀遵，只要家父能根治此病就好。"

华佗说道："令尊此病，需要大怒一场，将胸中积痞尽数宣泄而出，方才有效。所以请公子和我演一出戏，要如此这般……"

太守公子听了，暗暗记在心中。

2

三日之后的早晨，公子慌忙地跑到太守的卧室门口叫道："父亲，那华佗带了金银，于昨夜关城门前就溜出城外，跑走了！"

吴太守大怒："快让守城的偏将带五百兵卒，务必要捉住华佗，斩了他的首级，拿来见我！"

公子却道："父亲莫急，华佗还有一封书信在此，说要呈交给你。"

吴太守看到信的封皮上写着"吴太守亲启"五个大字，他扯开信一看，只见上面写道："汝身为太守，德政不能救世，赏罚不问清浊，天地厌憎，士民怨酷；汝情伪万方，舐痔结驷，天下无耻之辈莫如也。然病入膏肓，针石难医，不日将入棺落圹，作冢中之枯骨耳！所积金帛，留之何用？素日威风，又将安在？"

这封信虽只是不足百字，却字字如利箭一般，刺痛吴太守的心脏，他越看越怒，双手乱抓，将这封信撕成了碎片，口中嚷道："华佗！华佗！不把你碎尸万段，难解我心头之恨！"

说着，他哇的一声，一口黑血喷了出来。

公子见他吐出黑血，不惊反喜，说道："父亲，那华佗言道，若能吐出黑血，此病就易治了！"

太守一脸的困惑："你说什么？"

公子说道："华佗走前和我说，父亲的病是郁积在胸，非要大怒一次，将胸中所积的黑血吐出，才能再服药治愈。故而他假意修书骂您，是为了治病而不得不为啊，父亲且莫再怪罪华佗了！"

说罢，公子又将数枚黑色的药丸递了上去，说道："华佗嘱咐，吐出黑血后，立刻服药，两日之内，即可康复。"

吴太守越看越怒，将这封信撕成了碎片。

太守听了，半信半疑，但还是依言服了药。两日之后，但觉食欲大开，神清气爽，不禁心中大悦。不过有时想起华佗信中所骂之词，还是怀恨在心，几次欲找华佗的麻烦，都被其子劝住，又怕旧病复发，还需华佗再次医治，于是只好忍恨作罢。

麻沸神散

1

却说华佗带吴普匆匆离开了济阴城，并不敢径自回家，却一路向西，到了黄河边上，雇了渡船，沿河继续西行。

吴普站在船头，眼望黄河滔滔，景色极为壮观，不禁大为开心，说道："师父，咱这次是到哪里去？"

华佗说道："到洛阳白马寺去寻访天竺僧人。不是传说天竺僧人有一种迷药吗？我们就去找他们问问，看到底有没有这样的药物，能让人暂时昏迷不醒，事后还能恢复如常。"

吴普听了极为兴奋，说道："洛阳是我朝国都，一定非常繁华热闹吧？"

　　华佗捻须道："那是当然了，洛阳被称为东京，那里的宫殿、飞阁、楼榭、湖苑，辉煌壮丽甲于天下。有一位大名士叫张衡，曾写过一篇《二京赋》，其中说洛阳城是：'飞阁神行，莫我能形。濯龙芳林，九谷八溪。芙蓉覆水，秋兰被涯。渚戏跃鱼，渊游龟蠵。永安离宫，修竹冬青。阴池幽流，玄泉洌清。鹎鷱秋栖，鹡鸰春鸣。雎鸠丽黄，关关嘤嘤'，其美景真是令人向往不已啊！"

　　因为渡船是溯流而上，有些水流湍急之处，借不上风力，还要纤夫牵引才行，因此行得极慢，走了十天，才到洛阳。

　　到达洛阳城下时，华佗师徒都吃了一惊，只见这洛阳城的城墙塌了半边，城中一片瓦砾，荆棘丛生，到处是残垣断壁，几乎辨不出街市，只有零零散散的住家，用黄泥和苇草编成板壁，将破屋暂作修补。

　　华佗走到一个老丈面前，问道："这里难道就是洛阳？我们不会是走错了吧？"

那老丈叹息道："是洛阳，但不是原来的洛阳了。奸贼董卓逼天子迁都，逼当地的百姓尽数迁去长安，那情景可惨了！百姓被军兵一路驱打，走得慢的老幼，往往被折磨而死，然后官兵将宫阙、府库、民房尽数焚毁，大火一直烧了半个多月啊！所以，这洛阳城就此毁了！"

这老丈想起当年的伤心事，说着说着不禁涕泗横流。

华佗也唏嘘良久，又问道："可知那白马寺在何处？有没有被毁？"

这白马寺乃是永平七年（64）时所建，汉明帝派人到天竺求法。永平十年，天竺僧人摄摩腾、竺法兰带了佛经、佛像来到洛阳，皇帝命建白马寺，是有天下第一寺之称。

老丈叹息道："白马寺在洛阳被焚之前就已毁去，当时十八路诸侯来讨伐董卓，两军交战，将靠近城边的房屋拆得拆，烧得烧，白马寺也不例外。"

华佗听了，心中凉了半截，又问道："那现在这附近是否还有天竺僧人？"

老丈摇头道："哪还有外来的和尚，就连本寺的和尚也都不知逃到那里化缘去了，只剩下一个又聋又瞎的老和尚在一间土屋中捱活。"

华佗还是有点不死心，就追问道："可知那些天竺僧人到哪里去了？"

老丈说道："二十年前，老夫去白马寺时，见过一个天竺僧人，我们聊了很久。他说天竺人来咱们这儿，或是乘船在南洋一带登陆，或是从云南四川一带辗转过来，如今北方大乱，又时常闹饥荒，他们也许就留在南方了。"

华佗师徒无奈，又到白马寺附近寻访了一番，一无所获，于是他们决定南下。他们从洛阳南下过南阳，来到汉江，然后乘船入长江。好在师徒二人从吴太守处得了不少的银子，一路上倒是不愁盘缠。

2

师徒二人坐的是一艘货船，船上运了不少的木材、陶器，因为是顺流而下，所以极为顺畅。

但见长江水面空阔，浩浩荡荡，二人都感觉心旷神怡。

吴普大开眼界，他说道："这次随师父远行，真是过瘾，先看了滔滔黄河，已觉得壮观，没想到这长江之雄阔，更远在黄河之上。"

华佗捻须笑道："待你看过东海，会觉得长江又不足道了。这就像做人，千万不要妄自尊大，须知山外有山，人外有人。"

正说话间，突见江上哨声大作，几艘艨艟巨舰升起风帆，急速迎来，拦住了华佗所乘的船只，有兵卒喝道："我们是东吴水军，快降下帆来，等待搜检。"

一队兵卒上来，四处察看货物，点检人员。他们见华佗师徒打扮不像客商，又一口的北地口音，当下不由分说，就押了他们去见主将。华佗想分辩几句，奈何兵卒的口音实在听不大懂，根本解释不通。吴普一扫刚才的高兴劲儿，吓得腿都软了。

只见那主将身披软甲，相貌粗豪，正踞案饮酒。兵卒禀道："周将军，发现两个北人，形迹可疑，怕是曹操细作，故押来见过将军。"

哪知这位周将军一见华佗，马上起身下拜，口中说道："华神医，我的救命恩公，周泰一直感恩不尽！"

原来，多年前，周泰与年幼的孙权在宣城踞守，半夜里忽然来了一大群山贼，他们猝不及防，一时间被山贼围住，周泰抱了孙权上马而行，他力抵数十名贼兵，因为天气炎热，匆忙中连衣服也没来得及穿。他提刀砍翻了几十个人，杀出了一条血路，救出了孙权。但自己被捅得浑身上下全是窟窿，加上天热发炎，眼见性命难保。正好华佗被人推荐来给周泰治伤，为他清疮洗脓，敷以药物，不到一个月就治好了。

此番重逢，周泰欢喜不尽，忙令人再加酒菜，重开宴席。席间华佗问道："周将军可知江南之地，尚有天竺僧否？"

周泰答道："早年倒是见过一些，但如今这儿盗贼蜂起，兵荒马乱，很少见到了，不知华先生找他们作甚？"

华佗于是将来由说了一番，周泰拍腿大叫道：

"原来是为了麻药啊，先生何不早说！不瞒先生说，周泰早年和蒋钦一起当劫江贼，江湖上的事也颇有知晓。这迷药确实传自天竺，是一种叫曼陀罗花的东西，混入酒中下药最佳，随你什么英雄好汉，喝了后都会昏迷不醒。但用这个的人往往令人不耻，还是真刀真枪拼一场才是真汉子。先生既然治病要用，我早年还存了几包，这就给你拿去。"

听周泰如此说，华佗大喜，又问道："这曼陀罗花如何种植，有没有种子？"

周泰道："此花原产于南地湿热之处，不知北地能否种植。东吴有一些客商去过天竺，我命人寻一些种子来给先生就是。"

3

华佗在东吴盘桓了数日，寻得了麻药，便向周泰告辞回乡。

周泰挽留道："先生何不多住些日子，这般匆忙归去，又为何事啊？"

华佗说道："将军的厚待，华佗实在感激不

尽，只不过我急欲回去试配药性，然后找个病人试治一下，因此心急难耐，就如将军得一宝刀，急欲上阵试刀一般。"

周泰听了，当下爽朗一笑："既如此说，我就不留先生了。我派人送先生过长江去。"

过了长江，弃舟登车，一路北上，华佗沿途不断调试药性，最终制成了一种药，以曼陀罗花为主，加以生草乌、香白芷、当归、川芎等药材，命名为"麻沸散"。

这天在淮阴附近遇到一人，胃烂呕血，华佗让他服了"麻沸散"之后，将他的肚皮割开，将早已糜烂的胃底切去，又用桑皮线缝合。病人苏醒之后，方觉有隐隐疼痛，半个月后就基本恢复如常了。

待得华佗回到家中，惊奇地发现家里多了六间新房，青砖青瓦，轩楹俨然。大弟子樊阿抢先说道："这六间房子是一个来瞧病的南阳富翁所盖，我和他说师父远游去了，他却坚持要等，不见先生，至死不归。后来嫌我们的茅屋敝陋，于是就自己花钱找人盖了这六间瓦舍暂住，说是得

华佗让他服了"麻沸散"，将他的肚皮割开，将早已糜烂的胃底切去。

见师父之后，无论病能否治好，这些房屋都转赠给咱们使用。"

华佗听了，顾不得旅途劳顿，就匆匆前来见这位南阳富翁。还没踏进房门，就听得屋里呻吟之声不绝。眼见华佗进来，此人从榻上挣扎着翻身下拜，口中说道："华神医，可盼到你回来了，苍天有眼，我命不该绝，华神医，你可要救救我啊，这再生之德，永世……"还没说完，他捂着左边的肚子喘着粗气，显然是强忍疼痛。

华佗见他脸色发青，鬓发和胡须都脱落得七零八落，连眉毛都掉没了，看上去甚是憔悴。切了一下他的脉，华佗说道："阁下是脾脏腐坏了，脾为后天之本，气血生化之源，统诸经之血。如今脾脏有疾，水谷不能运化，故而毛发尽落、胸脘痞满、大便溏薄、口甜多涎，不日将有性命之忧。"

那富翁听了，呆了半晌，然后说道："华神医既如此说，我也只好准备后事算了。"

华佗摇头道："且听我说，最近我新配得一种叫麻沸散的药，服下之后，人事不省。然后可以剖开肚皮，将脾脏腐坏的部分切除。但这事我之前也未曾做过，成与不成，实在难言，还望阁下三思。"

这富翁倒也爽快，当下满口答应："我已是必死之人，倘若先生神术有效，还能从阎王爷那儿讨来几年活头。我这就立下字据，倘若开腹而死，决不牵连到华神医，那是我命该如此。"

说罢，这人取过纸笔，立下了字据。

樊阿拿来了调在酒中的麻沸散，这人一饮而尽，一会儿之后，就昏迷过去。华佗用针刺了他的几个穴位，也不见有反应，于是放心动手，在此人左腹下割开一个小口，只见此人的脾脏，已有一小半肿胀发黑。华佗用利刃将腐坏的部分割除，又用止血药敷上，待凝血后，再用桑皮线将腹部缝合。

樊阿是第一次看师父作开腹之术，目瞪口呆。只见那富翁一动不动，如死人一般，但他试切其脉，却依然有缓缓的跳动，这才放心。

隔了三个时辰，那富翁悠悠醒转。樊阿将割掉的坏脾用木盘盛了，递给他看，惊得他嘴巴都合不拢，赞道："华先生真乃神医也！我沉睡梦中，恍然不觉，就完成了开腹剜脾之术，想扁鹊复生，也不过如此！"

华佗却道："谬赞谬赞，此术是否成功，还要看这几日，是否有发热之状，倘若七日之内无恙，那才算度过了凶险。"

果然，一日之后，此人发起烧来。华佗令弟子为他用冷水敷身，又开了一些退热的药物，好在第三日，高烧就已经退了。

一个月之后，南阳富翁已是神完气足，行走如常，脱掉的须眉鬓发，也都有了长出的迹象。他千恩万谢，不住口地夸赞华佗。华佗能够涮肠浣胃、开胸刮肝的名声，也远播四海，引来无数求医者。

这一天，又有朝中的一位士大夫前来求治。华佗见他面色发黑，眼中白睛亦黄，筋骨痿弱，切了脉后说道："阁下肝中有疾，当剖腹剜取。但实不相瞒，以君之体质，六十之龄，纵使剖腹取之，亦不过十年之寿数，这个病就算不治，也不会因此病而死。而一旦剖腹剜肝，华佗也未有十足的把握，能保此中毫无凶险，倘若出了差错，不免误了阁下性命。"

哪知这位来者倒是十分豪爽，他慨然说道："这病每日腹中作痛，十分可恶，令我寝食不安。如此忍病十年，犹如身在无形缧绁之中，大有生不如死之感。还望先生施妙手为我除痛，就算是当场死了，也绝不怪罪先生。倘若能够除得此病，那又可享十年快活日子。我心中主意已定，先生勿疑。"

说罢，就当面一一嘱咐从人，又立下了字据，声明但有意外，自己担负，决不怪在华佗头上。

华佗见他医病之意甚诚，于是让他先服麻沸散，然后操刀剖腹，将瘆坏的肝部连同肿瘤切掉，再加以缝合。一月之后，再无腹部作疼之疾，此人再三拜谢而去。

医治曹操

1

这一日，华佗正在将最近使用麻沸散的医案，一一整理收入自己撰写的《青囊经》一书中。忽听远处传来喧闹之声，过了一会儿，村中里正慌慌忙忙地跑来告知华佗："曹公派车骑前来请你去治病，这可推辞不得，赶快准备一下吧！"

说话间，一队车马来到门前，只见人马衣甲鲜明，当先有斧车两辆，车上立着锋利的巨斧，斧柄上系着红飘带，在风中飘扬，煞是威风，后面又跟了轺（yáo）车两辆。

那使者揭开紫帷，从辇车中下来，之前举孝廉时曾来此处的郡丞，此刻全无当时那倨傲之态，一脸媚笑地跑过来。

那使者见了华佗，温言说道："曹公有疾，特来有请华神医前去。"说罢一挥手，早有兵卒将白米三十斛、白绢三十匹、美酒十坛悉数搬入华佗院中。

前番来劝过华佗的华二太公眉开眼笑，向华佗祝贺道："贤侄如今可算出息了，不像老朽，终老于乡里，与草木同朽啊！"

华佗却摇头苦笑道："您老人家岂不知'象以齿焚身，蚌以珠剖体'，华佗其实不愿意有这种声名之累啊！"

华佗本想和以前一样，带吴普随行，留樊阿守家，但使者却坚持让华佗一人前往，说曹操身边，不容许有过多的生人靠近，华佗无奈，只好自行前往。

此前曹操官渡之战大获全胜，袁绍虽逃得性命，但不久就气病而死。不过，袁绍的外甥高干依旧盘踞在并州（今山西太原）一带，实为心腹大患。曹操此番率军平定了并州，除了高干，心情大悦。却不想在班师途中，头风发作，脑昏目胀，因此四处延请名医。

曹操的中军大帐，由十二根碗口粗的楠木柱子撑起，里面屏风、案几、卧榻、书橱等一应俱全。亲兵在华佗身上仔细搜检之后，才引他穿过层层守卫，来到大帐前，高声通报。

进得帐来，转过屏风，只见一人倚坐在案几之前，案上堆着高高的文书。只见他细眼长髯，身材并不怎么高大，却是不怒自威，见华佗进来，温声说道："华先生，你我都是沛国谯郡人，曹某早已听闻华先生大名，惜乎今日方得一见。"

华佗深施一礼说道："虽属同乡，但曹公乃人中之龙，华某乃蝼蚁之辈。"

两人叙了些闲话，曹操于是问道："吾头风之病久矣，时常发作，如今又越发沉重，如何是好？"

华佗为曹操切了脉，又仔细询问了一番发作时的症状，然后取出银针，给曹操针了几个穴位。不一会曹操就觉得神清气爽，头疼全消，头上那个如同无形头盔一般的沉重感，也顷刻间消失不见。

华佗将针收入囊中说道："浅而近者，名曰

曹操温声说道："曹某早已听闻华先生大名，惜乎今日方得一见。"

头痛；深而远者，名曰头风。头痛猝然而至，易于解散也；头风作止不常，愈后触感复发也。"

曹操点头，说道："华先生说得一点也不错，吾病正是愈后时常得发，请继续往下说。"

华佗说道："足太阳者，头之经也。六经伤寒，惟太阳受病最多，盖头居其上，当风寒之冲，一有间隙，则若项、若脑、若耳、若鼻，风邪乘虚，皆得而入之矣。一旦栉沐取凉之时受了风，饱食仰卧之时不注意，都有可能引发此病。"

听闻此言，曹操皱眉道："此病发时，头昏目眩，心乱如麻，怎生根治才好？"

华佗答道："此病急不得，若想根治，除非用利器劈开头颅，取出风涎方可。"

曹操皱眉道："虽闻先生有剖腹割肝之能，但头颅岂能砍开？"

见曹操如此说，华佗只好说道："你这病短期之内难治好，要坚持长久的治疗，才能活得长。曹公也不必过于担忧。"

曹操站起身来，对着西侧悬挂的铜镜照了一下，然后叹道："人生天地间，忽如远行客。吾已年过半百，鬓发斑白，先生可有长生延年之术？"

华佗指着帐外的那棵老榆树说道："天地万物，各有命数，树木可达数百年之龄，但亦有枯朽之日，龟虽寿有千岁，亦终有竟时。当年秦始皇东海求仙，汉武帝仙掌承露，但依然未能如愿。医家虽能祛疾除病，延年益寿，但绝无令人长生不死之效。"

听了华佗这一番话，曹操感慨不已，他回到案前，提笔写道："神龟虽寿，犹有竟时；腾蛇乘雾，终为土灰。老骥伏枥，志在千里；烈士暮年，壮心不已。盈缩之期，不但在天；养怡之福，可得永年……"

等曹操放下了手中的笔，华佗说道："曹公之疾，短期内不会再发，华佗这就请辞回乡。"

曹操一拂袍袖，对他说道："方今吾正招纳四海贤能之士，先生既来此处，就随我回许都去吧，我拨一处院落供你居住，另派奴仆二人，婢女二人服侍。过段时间在太医院为你谋个职事，将来做到太医丞也并不为难。"

眼见华佗脸有为难之色，曹操眉毛一竖，追问道："看你神情，有不情愿之意，不知有何不满之处，但说无妨。"

华佗说道："华佗是山野之人，不识礼数，不惯拘束。何况家中还有不少父老乡亲需要华佗治病，还望明公赐我还乡。"

曹操怫然不悦，双眉一竖说道："如此说来，在你眼中，那些乡野之辈，远比我还重要了？"

见曹操辞色严厉，华佗不敢再辩，只好依言随行。

2

十日之后，来到了许都，曹操果然赐了华佗一处宅子，四个奴婢。华佗将奴婢退还，每日利用闲暇之时，仔细整理他平生的医学心得《青囊经》。

这一天，华佗正在窗前挥笔，忽听门外一阵马蹄声，一个声若洪钟的声音叫道："华先生，华先生！"

华佗开门迎了出去，只见来人一阵风般地闯了过来，一下子紧紧抱住了华佗。此人身材魁梧，犹若巨灵神一般，勒得华佗喘不过气来。

好在他旋即放手，抱拳作揖："华先生，还记得东村许褚否？"

原来此人正是猛将许褚，他勇武过人，冲锋陷阵之时神威凛凛，乃是曹操帐下数一数二的勇武之虎将。他也是沛国谯县人，和华佗是老乡。

华佗笑道："当然记得，将军那年不知是十六岁还是十七岁，在村口晒谷场上，力举石磨，让乡人大为震惊。后来汝南贼众万人来劫掠谯郡之地，又全赖将军率乡勇御敌，方得保全。"

彼此叙了一些旧话，许褚说道："许褚一向体健如牛，虽然早闻华先生的大名，但没有找你瞧过病。如今许褚岁数大了，常感浑身疼痛，上阵杀敌之际，往往力量使不出来，不及原来一半，还望先生能给治一治。"

华佗仔细问过后，对许褚说道："将军是用力过度，乃至腰背有损、血脉凝滞。宜先逐瘀而后补之。待我用三七、当归、白芍、赤芍、桃仁、红花、血竭等配制成丸药……"

说到此处，华佗忽然又想起一事，问道：

"将军最近可曾射猎？可知何处能寻得虎骨、鹿角等物？"

许褚一听，拍腿说道："这事好说，华先生，我带你去个地方！"他是个性急的人，当下不由分说，带着华佗，策马扬鞭，就直奔城北而去。

行不多时，只见一大排竹篾的围墙中，有一处苑囿。树木葱茏，堆土成山，挖地成湖。许褚说道："这里是天子之苑囿，原来有无数珍禽异兽，什么犀牛、大象、狮子之类的应有尽有。自从董卓焚了帝阙，这些也都死的死，亡的亡，一只也没存下。不过像什么老虎、黑熊、麋鹿、猿猴之类，倒是还有不少。这些东西也没有什么特别珍贵的，先生要用，杀几头来就是。"

说罢，许褚唤来守囿的主管，向他吩咐道："这位是华先生，前来配制药材，但有所需，一概供应，事后派人将华先生送回住处。"说罢，他说军中还有些急事，需回去办理，就先自打马回去了。

那主管须发皆白，原来在洛阳就是守囿之人，对囿中这些禽兽的情况极为熟悉。华佗向主管要了一些虎骨、熊胆、鹿茸、龟甲等物，但见天色尚早，就在围中细细观赏。只见硕大的土坑之中，养了三只猛虎，个个都是吊睛白额，兼以黑黄花纹，只不过都卧在那里没精打采地晒太阳。主管找来两只家鸡扔了进去，只见那几只老虎马上来了精神，它们缩脖沉腰弓背，然后腾空跃起，将活鸡扑倒，顿时羽毛四散，鲜血淋漓，华佗看了，啧啧称奇。

随后又看到一对憨态可掬的黑熊，在土坑中呼呼大睡。听到有人来，就作人立之状，向人乞讨食物。东边那一大片草地上，有九只温驯可亲的麋鹿，任人抚摸喂食，并不惊慌。绕过一个种满树木的大土丘，木笼中有不少的猿猴，有大有小，有老有少。主管牵来一只会学人戴帽作揖的老猿，让它耍戏，只见它在模仿三拜九叩的上朝礼仪，倒是像模像样，华佗不禁笑道："这真是所谓的'沐猴而冠'了！"

那主管叹道："当年在东都洛阳时，四方蛮夷进贡的珍禽异兽，那才真是让人大开眼界！当时有南越进贡的大象，会听着琴音和鼓乐跳舞，还有从波斯进贡的狮子，天竺进贡的犀牛，各种珍禽怪鱼更是数不胜数，可现在却只有这些常见的虎鹿熊猿之类了。"

华佗一边观赏，一边却在考虑着另外一件事，他想起《庄子》曾经说过："吹呴（xǔ）呼吸，吐故纳新，熊经鸟申，为寿而已矣；此导引之士，养形之人，彭祖寿考者之所好也。"意思是说传说中的长寿之人彭祖，就经常模仿熊攀树、鸟伸脚的动作，再配合呼吸吐纳之法，所以得享高龄。但是，这些功法却都没有完整地传下来。

如今华佗看了这些虎鹿熊猿的动作，顿时产生了一个念头，何不效仿这些禽兽的动作，再结合自己多年来总结的医理，编制出一套吐纳导引的套路呢？

于是，此后的十多天，华佗借口要置办药材，天天来到圈中，时时观察虎鹿熊猿鹤的动作，编出了一套导引健身之术，命名为"五禽戏"。

3

这一天，曹操的谋臣荀彧感到头晕恶心、看东西模糊。此前他找华佗施针，都是顷刻之间就能见效，于是再来找华佗医治。只见华佗所居的小院大门敞开，也无人值守。荀彧径自走进院落，却见华佗在院中空地上舞蹈，一会儿四肢撑地，仰头伸腰，一会儿又抱膝蹲地。荀彧大为惊讶，当下问道："华先生，你这是在做什么？"

华佗站起身来，掸了掸身上的尘土，笑道："这是我新创制的'五禽之戏'，阁下来得正好，君之病是终日案牍辛苦所致，如果习练我的五禽戏，尤其是猿戏和鹿戏，必然有益，胜过针石之效。"

荀彧听了，大感兴趣。华佗又说道："《黄帝内经·素问·四气调神大论》曰：'是故圣人不治已病治未病，不治已乱治未乱，此之谓也。大病已成而后药之，乱已成而后治之，譬犹渴而穿井，斗而铸锥，不亦晚乎？'所以医家治病，已是亡羊补牢之策，倘若能提前防治，方为上策。"

听了华佗所言，荀彧当即决定要学会五禽戏的习练方法。华佗教了他几个动作，然后说："这套导引养生之法尚未完善，如何使经脉流注，气血畅通，还要悉心探究才可。"

随后，华佗为荀彧针了一下头颈处的穴位，说道："终日久坐，易得此病，其实于养生来说，凡事皆要有节，过度都不好。《黄帝内经》云：'久视伤血，久卧伤气，久坐伤肉，久立伤骨，久行伤筋，是谓五劳所伤。'"

荀彧叹道："身不由己啊！吾每日为曹公处理各方机要文书，堆牍如山，事事轻忽不得，又不敢委与他人，故而身心憔悴。"

华佗劝道："正所谓'磨刀不误砍柴工'，还是要找些时间活动一下筋骨，精神健旺时再来处理事务，将有事半功倍之效。"

接着，华佗探问道："阁下追随曹公已久，可否告知曹公之为人？"

荀彧静默了一会儿，对华佗说道："先生应该知道名士许劭好评判人物，时人称之'月旦评'。曹公说过好多次，当年尚未成名之时，曾找许劭评价，他一开始不肯说，后来才说'子治世之能臣，乱世之奸雄也'。曹公觉得这句话很是恰当。"

华佗默然不语,心下暗自思量。

这一日清晨,有曹府的侍从前来,让华佗进府施针。只见晨风飒飒,淡蓝色的天幕上还有寒星数点。来者提了灯笼引华佗来到内宅,从角门进入。

刚要踏上石阶,只见几个仆役吃力地抬着一个箩筐过来。华佗偷眼瞧去,只见里面露出一个衣角,似乎是一个人放在里面,箩筐底部还有点点鲜血渗出来,滴在地上。引华佗来府的侍者不禁惊问:"这是怎么了?箩筐里是什么人?"

那几个仆役作了个噤声的手势,然后悄悄说道:"曹公素来有梦中杀人的习惯,这个新来的婢女不知道,竟然悄悄入室给曹公盖被子,结果被曹公一剑杀了,真是……唉!"

华佗走进曹操的内室,转过那座高大的漆木双面彩绘屏风,只见曹操正在卧榻上以手托头,不住地颤抖。见到华佗后,他叹息道:"吾素有梦中杀人之举,已误伤三人之多,先生可知此病的由来？"

说罢，曹操双目一睁，目光炯炯，直视华佗。

华佗说道："梦游之症，也是有的。有人起身游走，有人梦中念诵歌唱，但是如曹公这般，于梦中取剑杀人，一击致命者，华佗倒是闻所未闻……"说到此处，但见曹操的眼神越来越骇人，华佗于是不敢再往下说。

隔了半晌，曹操才说道："此事万勿和外人说起，知道吗？"

见华佗点头，曹操面色转和，温言说道："先生这段时间，救治了不少的人，颇有功劳，我已命考功之吏——记录，待以后必有升赏。"

华佗不敢多言，只是唯唯称是。

4

时光荏苒，不觉已过了半年有余，在此处华佗禄米丰足，闲暇时间也很多。那五禽之戏，基本创制成熟，他终日整理的那部《青囊经》，眼看就要完成。华佗惦记着家中情形，于是托人捎了书信前去询问。

过了半月，华佗收到家书一封，大弟子樊阿写道："家中一切安好，只不过师父去后，吾等弟子无能，疑难杂症难治，开膛剖腹之术不能行，来登门者，多半失望而归。近来又有瘟疫流行，我们这几个月没有远足采药，好多药物稀缺，很多方剂无法配制，病者医者，徒呼奈何！"

华佗看了，心急如焚，当夜辗转反侧，不能入睡。

第二天一早，华佗就来到曹操府上，只见曹操府中聚集了一班文武，不知正在商议什么军国大事。华佗进来后，跪倒在地，哭诉道："曹公容禀，昨晚得家书一封，老妻身染重病，奄奄待毙，倘华佗亲自医治，尚有延其残喘之希望。老妻性命虽微如蝼蚁，但于华佗来说，也相濡以沫近五十年，自来君臣、父子、夫妇皆为天地人伦之大义，还望曹公全我之义，放华佗回乡。"

曹操过了半晌，才开口说道："于情于理，自然要许你告假还乡。凡事不要欺瞒于我，一切要如实禀告。"

说到这里，曹操眼中精光一闪，让华佗心中一凛。

得到曹操的许可，华佗抓紧收拾了一下行李，匆匆离开了许都，但觉如鸟投林，如鱼赴渊，心里说不出的畅快。他再也不愿意在此处过笼鸟一样的生活了，此时他心中浮出《庄子》的一句话："泽雉十步一啄，百步一饮，不蕲畜乎樊中。神虽王，不善也。"

五禽之戏

1

建安十三年（208），曹操平定了北方，将虎踞冀、并、幽、青四州之地的袁绍势力彻底消灭，并北征乌桓，斩杀骄横的蹋顿单于，一时间北方部族纷纷臣服，降者二十余万。辽东的公孙康也慑于曹操之虎威，将袁绍两个儿子的人头送来，以示臣服。

班师南归的途中，曹操东临碣石，以观沧海，挥鞭吟诗，一时间，可谓是趾高气扬，志得意满。

回到邺城之后，曹操罢三公官，自任为丞相。

这一日，就在新开凿的玄武池之畔大宴文武群臣，是时秋风飒爽，菊香满席。早有人在水畔用五彩绸幕围成一个个帐殿，最大的一座位于临时搭起的松木高台之上，曹操高居中央，案上摆满了山珍海味，奇异果子。

曹操举起玉杯中甘蔗酿就的金浆酒，对众臣说道："念自讨董卓，剿黄巾以来，除袁术、破吕布、灭袁绍、斩蹋顿，北方已定，天下太平一统之日不远矣！"

众臣称是，谀词如潮。一时间觥筹交错，好不热闹。玄武池上飘来两艘彩船，上面各有美女数十人，翩翩起舞，歌管笛箫，声声悦耳。

曹操手指前方，朗声说道："诸位可知吾开此池真意之所在？"

谋臣荀彧略加思索后答道："丞相开此池，可以操练水师，以平定南方之刘表、孙权，到那时四夷臣服，海内一统，丞相之功德，虽伊尹、周公不及也！"

众臣纷纷附和。此时有部将曹仁离席禀道："末将所属军卒，近日在漳河边掘出一只铜雀，特来献给丞相。"

只见这只铜雀长达一丈，高四尺有余，虽然埋在地下已久，遍生绿锈，但形制精巧、神态逼真，有舒翼若飞之态。

谋士荀攸说道："丞相，当年舜的母亲梦玉雀入怀而生了舜帝。今得此铜雀，亦大吉大利之兆也。依臣之见，不如在漳河畔起三座高台，前为金凤，中为铜雀，后为冰井。"

曹操听了大喜，然而，正当他想举起酒杯时，突然感觉脑袋上如同套了一个铁箍，又有人用力拿铁钳拧紧一般，胀痛难忍。大家见曹操抛下酒杯，扶住额头，忙责令侍从："丞相的头风病又犯了，快传医官！"

过了一小会儿，曹操头痛略缓，于是开口问道："想那华佗归家已久，为何还不回来？"

有侍从答道："丞相，那华佗几度征召，都说夫人病重，无法前来。"

曹操狐疑满腹，思忖片刻，传令曹仁："你派一名裨将，带十名兵卒，前去华佗家乡查问。切记先换上平民的衣服暗访一番，如果华佗妻子确实病重，就在当地郡县支取小豆两千升给他。要是欺瞒于孤，哼哼，即刻锁拿讯问，关入大牢。"

2

西风渐紧，满地寒霜。一场寒雨过后，村边林子里的黄叶纷纷落下，渠畔的一些累累如珠的小酸枣也挂上胭脂色。华佗和弟子吴普背了竹编的药筐，扛着药锄，正从百里之遥的芒砀山徒步归来。

吴普叹息道："师父，这好好的一座芒砀山，怎么驻扎了一队军马，为首的那个身穿金甲的络腮胡汉子好生蛮横，推推搡搡地硬是赶我们走。这山上的药草，今后可到哪里去采？"

华佗也叹息道："这芒砀山是本朝高祖斩蛇起义之处，后来很多皇族埋葬于此，如梁孝王的大墓就在此处。不过听说最近被曹丞相掘了，单是金银珠宝就装满了七十多艘船送走。如今这些军兵在此守卫，名为保护汉家风水宝地，实际是掩人耳目罢了。"

吴普并不关心梁孝王的陵墓，只是又追问道："师父，咱这药草可怎么办呢？"

华佗说道："我上次采集了一些种子，已种在咱们村边的药圃里，看明年春天能不能出一些药苗，实在不成，就要远赴南面的八公山等地了。"

虽然天气寒冷，但师徒两人急步走来，都是热汗满身。这里离村庄已是不远，估计天黑之前准能到家，于是两人便坐在一棵大椿树下歇息。只见碧空如洗，并无一丝云彩，一群大雁正排成"人"字形向南飞去。

吴普看着大雁飞过，突然感叹道："师父，这些大雁竟然懂得每年往南边暖和的地方飞，还能排得这么整齐，也是一件奇怪的事啊！"

华佗微笑道："万物皆有灵性，普儿啊，你看那蜜蜂和蚂蚁，岂不是比大雁更渺小，但它们一样能够成群结队，并造出精巧的蜂巢和蚁巢呢。"

吴普说道："是啊，想那一年和师父一起去采鸡枞菌，那个大白蚁巢，有一人多高，好像一座小塔一般。当时我还惊叹，这一个个的小白蚁，都如米粒那么小，却能建成这么大的巢穴！"

"是啊，人虽为万物之灵，但飞天不如鸟雀，下水不如鱼蛙，奔跑不及骏马，所以也不要狂妄自大。"华佗说道："前不久，我在许都居住，闲来无事，于是细观虎、鹿、熊、猿、鸟这五种禽兽的姿态，但觉老虎健硕刚猛、麋鹿敏锐警觉、黑熊沉稳厚重、白猿灵巧聪慧、白鹤优雅清高，实是各有所长。于是结合上古医经中所传的呼吸吐纳之法，创了一套'五禽戏'，这会正好闲来无事，传授给你。"

说罢，华佗伏下身来，两手踞地，一会缩腰伸展，一会侧脚腾空，仿佛是老虎扑食之态，他告诉吴普说："此乃虎戏，能够锻炼腰身，预防痀瘘风痹之病。"接着仍旧四肢撑地，转颈回头，反复做了三四次，然后伸脚弹缩，左右交替。站起身后，华佗说道："这是鹿戏，常练可以治疗头颈僵直之症，活动脚腕，可以使腿脚灵便。这'虎、鹿、熊、猿、鸟'之五戏，练到一定程度，要配合呼吸吐纳之术，五禽暗合五行，虎戏属火，主心；鹿戏属木，主肝；熊戏属土，主脾；猿戏属金，主

华佗伏下身来，一会缩腰伸展，一会侧脚腾空，仿佛是老虎扑食之态。

肺；鸟戏属水，主肾……"

吴普认真向华佗请教各种动作要领，一一牢记在心。

华佗又对吴普说道："阴气盛而畏寒者，宜多行虎戏，治寒以热，壮阳化阴，抵御外邪；练习鹿戏，以轻快为要，身心活跃，情志欢愉；猿乃五禽中最有灵性者，有三闪六躲之本领，习猿戏可舒展筋骨，助长阳气，调畅情志，开阔心胸；熊者外阴内阳，看似迟缓呆笨，实则藏阳于内，体壮气实，习熊戏可治阴阳具虚之人，升阳卫外，内守阴精，鸟者仿鹤形，作鸟伸之态，以静制动，情志焦虑狂躁者，热邪攻身者，当多习鸟戏，以达滋阴安神之效……"

吴普听得入神。约莫有一个时辰的工夫，华佗一边详加解说，一边将这套"五禽戏"完整地做了一遍，嘱咐吴普道："这套功法，任力为之，以汗出为度，也就是说根据自己的力气来做，做到身有微汗即可。"

吴普十分聪颖，一学即通，当下演示给华佗看，华佗说："不错，学得有八分像了，待日后我再详细给你解说配合动作的吐纳呼吸之法，坚持习练，必能消谷食，益气力，除百病。所谓良医治未病之先，就是这个道理。如果能有预防疾病的法门，那比之药到病除的神妙医术，岂不是功德更高？"

吴普擦了下额头的汗，说道："师父，我听您说过这个故事：神医扁鹊的两个哥哥其实医术更加神妙，大哥在病人还没发病时，就让病人加以预防保健，所以根本用不着治病；二哥则是在病人刚刚发病病情还不严重时，就给他治了；扁鹊以擅长医治疑难杂症著称，他两个哥哥的名气没有他大。"

华佗笑道："故事只是故事，天下人千千万万，哪里能够一一让他们预防得当、百病不生？加上天有寒暑，时有饥馑，官府索租征夫，百姓终日劳碌，不得歇息，又安能不损筋骨、不伤脏腑？我想恐怕千百年之后，也未必能够人人不生疾病。但这'五禽戏'如果能流传后世，必将能祛病延年，对世人有所裨益。"

3

说着，眼看天就要黑了。师徒二人慌忙背起药筐，向村口走去。

只见村中炊烟升起，华佗师徒只是中午啃了点随身所带的干粮，此时已是饥肠辘辘。华佗见吴普已是疲惫不堪，一步一挨，于是鼓励他说："马上回家了，我走之前，嘱咐你师娘杀鸡炖蘑菇，此刻肯定早已炖好了，就等着咱们吃呢。"

一想到热气腾腾的鸡肉和鲜香可口的蘑菇，吴普的精神头又来了，步子也迈得更加轻快了。

然而，刚来到村口那棵三人合抱的老榆树下，只听一声呼哨，五六匹快马围了上来，马上是衣甲鲜明的军将，后面还跟着十来个满脸横肉的皂隶。问明华佗身份之后，一名皂隶咣啷一下，就将铁索套在了华佗的颈中。

吴普扑上去拽住他的衣角，哭问道："你们为何要捉拿我师父，我师父每天都在行善积德，救人活命啊？"

那皂隶却一声不吭，抬脚将吴普踢倒。

骑在马上的一名军将高声叫道："我等现已查明，华佗假称其妻有病，欺瞒丞相，屡召不应，曹丞相有令，将其辑拿到许都审讯！"

　　说罢，这些如狼似虎的差役就将华佗关入了木笼囚车之中。吴普在后面追了几步，却被他们推倒在地，华佗见此情景，忙叫道："普儿，别追了，你自己回家去吧！记得我教给你的'五禽戏'，时时习练，将来传给后人！"

　　望着他们扬尘而去，吴普忍不住号啕大哭起来。

　　这是吴普和华佗的最后一面，多年以后，已是一代名医的吴普，一直坚持习练"五禽戏"，他九十高龄的时候，依旧耳聪目明，身强体健。只是每当想起这天的情景，虽然已恍如隔世，但依然还是每每泪湿衣襟。

身殒名存

1

因为是权倾朝野的丞相曹操亲自下令捉拿的要犯，华佗被连夜押赴许都，关入了中都官狱中的东市狱。

第二天，一个又老又胖的狱丞升堂提审华佗，他凶神恶煞地喝叱道："华佗，你可知罪？"

白发凌乱、脖子上套着铁皮长枷的华佗虽然匍匐于地，但依然语气平静："华佗于汉家律条无一违犯，不当有罪。"

那狱丞从鼻孔中哼了一声，说道："你竟然欺瞒曹丞相，谎称妻子有病，不应征召，是何居心？

再说了，你也真是不识好歹，丞相之病重要，还是你妻子的病重要？何况你妻子早已痊愈，为何还不赶快应召，为丞相治病？"

华佗说道："自来行医，如同做生意一样，不能强买强卖。华某不求仕途，不愿为官，就是因为行医可以逍遥自在。而且乡中百姓，近来多染瘟疫，华某实在离不开。"

狱丞生气地走过来，对华佗骂道："糊涂虫！区区一些草民，死了也如虫蚁一般，如何能因他们耽误了曹丞相的病情？"

华佗怒目而视，昂然说道："丞相是人，百姓也是人，一样是命！丞相没有华佗，一样有医官为他煎药施针，而乡里百姓没有华佗，就只能病苦而死了。阁下也是士人出身，熟读诗书，可知'官无常贵而民无终贱'一说？"

那狱丞理屈词穷，一张胖脸胀得像猪肝，他恼羞成怒，吩咐左右："拿大板子来，将华佗这老儿痛打四十杖！"

十几杖下去，华佗已是鲜血淋漓，痛得昏死过去。

另一个狱佐较为老成，低声说道："长官容禀，华佗这老儿虽然可恶，但确实有神妙医术在身，看他年纪已老，倘若熬刑不过，就此死了，丞相再问我们要这个人儿，岂不是麻烦？"

狱丞听了，觉得有理，于是命人停手。又趁华佗昏迷之时，将他手指捺上了供状，打了个手印。派人快马加鞭，火速送到邺城，禀告曹操。

三天之后，狱丞接到曹操派人传来的命令：华佗罪不容恕，监入死囚牢中，任其瘐毙可也。

2

天风吹枯桑，一转眼就要入冬了，白昼也变得那样短暂，转眼就已是暮色苍茫。

当荀彧急匆匆地来了邺城新宫的门前时，天上已是铅云密布，巍峨的宫阙在黑沉沉的夜色里，看起来像是踞守在大地上的巨兽。

虽然是冻土欲裂、指僵难伸的严寒天气，但高阶前的金甲武士，却依然是手执长戟，傲然而立，一动不动，仿佛是一尊尊铸就的雕像。

在这个时刻，能够直接叩宫门而入的，也只能是曹操最信任的谋臣荀彧了。

邺城的新宫，是曹操平定了北方的袁绍后开始兴建的，这也是荀彧当时十分赞同的，在这个地方，可以镇抚刚刚平定的河北四州，可以据守险要的太行陉口，也可以若即若离地控制中原的许都，以便更好地实现挟天子以令诸侯的战略。

这里的一幢幢宫室，虽然不如帝都的皇宫宏大，但华美精致之处，直追当年的未央宫。橡栋梁柱首选清香名贵的紫檀木，或者采以纹理雅致的杏木，光灿灿的金箔贴满了橡头，门扉上是有金色花纹和鎏金的铜铺首。

青衣侍者引领荀彧来到北角的温穆殿，这里和后宫一样，都是以花椒和泥后涂壁，再饰以文绣，地上铺以厚厚的红色地毯。室内点燃炭火后，温暖如春。

案几上，蜡烛的火焰在不断地跳动，时不时爆出一星半点的火花，曹操正伏案观书，他并未抬头，就对荀彧说道："文若（荀彧的字）前来，所为何事？"

荀彧深施一礼说道："主公，北方平定，四凶殄除，并无大事。今来相扰，只为华佗一事。"

曹操目视荀彧，看了半晌，然后说道："你此番前来，是为华佗来求情的？"

荀彧也不再绕弯，当下深施一礼后说道："主公容禀，华佗虽然欺瞒主公，有罪在身，但属下以为华佗并无谋害主公之心，而且他神医妙术，世间难得，杀之可惜。他施惠泽民，声名远播，杀之亦有损主公人望。望主公网开一面，赦华佗出狱，让他戴罪立功。想那华佗年过六旬，又受了棒伤，恐怕支撑不了几天……"

曹操一边看着几案上的书册，一边说道："吾今日杀华佗，正如姜太公当年诛杀华士。"

荀彧心中一凛，饱读诗书的他当然熟悉这个掌故：当年周武王分封天下后，功高望重的姜太公，分到了齐地，成为一方诸侯。他寻访贤才，素闻有两个隐士，一名狂矞，一名华士，都是贤名远播，才学出众。但此二人脾气古怪，声称不臣天子，不友诸侯，甘愿在山野田间逍遥自在。姜太公听了，不惜降尊纡贵，亲自登门求见，想请他们出来做官，辅佐政事。然而二人坚辞不就，连面也不见。太公于是下令将二人诛杀。

这时候，周公旦正在鲁国，听说此事后，赶快前去劝阻，他说："这二人是天下有名的贤士，只是辞官不就罢了，又没有什么罪恶，为什么要杀他们呢？"姜太公却回答道："他们不向天子称臣，不与诸侯为友，这就是乱法度的行为，天下如果人人都像他们这样，岂不是国将不国？如果有这样一匹马，虽然矫健有余，可以日行千里，但驱它它不走，拉它它不动，完全不听使唤，你说留之何用？"

原来，今日的曹操也是借杀华佗而立威，让天下之能人贤士，不敢不效忠于他。

荀彧听了，心中凉了半截，想曹操向来就是以斩钉截铁般的狠辣手段著称，他初登仕途，就设五色棒打人立威，无论皇亲贵戚，照打不误。大军征讨之时，曹操为了赢得民心，曾经颁下命令："马践青苗者斩"，却不想自己骑的马突然失惊，踏入田中。于是他拔剑要自刎以谢众，在众人劝阻下，于是割发代首。这在当年也相当于髡（kūn）刑了，曹操执法之严峻，由此可知。

但荀彧还是试探着劝道："主公，华佗此人确有神奇之医术，海内难寻，不如留此人性命，或有用得着他的时候……"

曹操却摆手道："巫医术士所在多有，杀一华佗又何足为惜？再说了，孤之头痛病许久不好，想是这华佗故意为之，好挟孤病而自重，要挟老夫，想我曹孟德岂是受人要挟之人？不必说了，这华佗本当明正典刑，斩首弃市，如今孤给他留个全尸，就算是照顾他了！"

说罢，他不容荀彧开口，就挥手让他退下。

荀彧深知曹操是个多疑之人，当下不敢再多说，躬身告退。

走下高高的白玉石阶，迎面的寒风刮面如刀，透骨生寒。然而，更深的寒意从荀彧的内心深处泛起："主公曹操自从平定了北方，志得意满，日渐骄横，自己虽然暂时尚且为曹操所倚重，但一旦力有不逮，或意与相违，那下场便如今日的华佗一般。"

想到此处，他长叹一声，无奈地摇了摇头。

雪花纷纷扬扬地洒落，脚下的方砖上仿佛已经铺上了一层白毡。

3

寒冷黑暗的牢狱之中，只有一灯如豆。华佗在一堆枯草中痛苦地挣扎，身上的棒疮正在化脓。一生不知治好了多少别人身上的刀伤箭痕的他，如今却没有办法来给自己医治。他绝望地仰卧在枯草中，听着号哭一般凄厉的北风之声，喃喃地吟道："白杨多悲风，萧萧愁杀人！思还故里闾，欲归道无因。"

这座牢狱已是年久失修，西边的屋角，椽子早已腐坏，覆盖的苇草也脱落殆尽，露出一个大窟窿。细如盐粒的白色雪花从此处落下，不一会儿就在华佗的身旁堆积成一个小雪堆，仿佛是糁粒一般。

然而，此时的华佗却并没有感觉寒冷，身上的温度越来越高，他的意识也逐渐模糊起来，变得恍惚。

突然，一声清脆的声响，打破了牢房的寂静。华佗睁开眼睛，只见一只肥硕的大老鼠急匆匆地溜走了，盛牢饭的那只陶碗翻倒在地，打破了半边。原来，这只老鼠跳上去想偷吃华佗碗中所剩下的牢饭，却不想弄翻了陶碗。

看守牢房的狱卒姓吴，生得膀大腰圆，听得声音后，慌忙前来查看，只见饭碗碎了，当下骂了几句，就要走开。

只听华佗挣扎着爬起身来，对他说："留步，我有话说。"

吴牢子虽然表面上十分凶恶，但他听说华佗是个济世救人的良医，也有几分恻隐之心。他四下张望了一下，并无其他人等，于是低声说道："华先生，你想说什么？"

华佗隔着栅栏，从怀里摸索了一番，掏出一本厚厚的书册，对吴牢子说道："我的性命恐怕捱不过今日了，这本《青囊经》是我毕生的心血所寄，我想交给你收好，以后有机会寻个有心人，用此书造福于世。"

吴牢子却是一脸的恐慌之情，他深知曹操法令极严，如今华佗入狱，惨受刑辱，也不知犯了什么大罪，要是私藏他的这些东西，说不定会惹上杀身之祸。于是当下连连摇头，低声对华佗说道："这事可不敢干，牢里有法度，严禁私相授受，出了事，俺这吃饭的家伙就没了……"

华佗见此，喟然长叹了一声，他用尽最后的力气，将书册奋力一掷，投入了吴牢子身旁烧着炭火的泥盆之中。这是他毕生的心血啊！华佗禁不住潸然泪下。

眼看着书册燃起的火焰在泥盆中翻腾，最终逐渐地黯淡成一堆灰烬，华佗颓然倒下，他闭上了眼，再也没有睁开。

恍惚中，他仿佛回到了家乡，乡亲们牵羊担酒，簇拥在他的身边，将他高高地抬起来；朦胧中，他仿佛登上了云雾缭绕的高山，山腰间盛开着红红白白的花朵儿，那里有他需要的珍稀药材；一下子，他又回到了幼年时光，那里有散发着麦香的广阔田野，灿烂的正午阳光下，正飞舞着很多小巧轻盈的蜻蜓，河对岸，突然出现了母亲年轻时的面

华佗将书册奋力一掷，投入了烧着炭火的泥盆之中。

容，她正在深情地呼唤："佗儿，该回家了，我好想你……"

狱中那盏油灯的火焰，晃了几下就熄灭了，一代神医华佗含恨离世。此时天黑如墨，悄无人声，只有朔风发出凄厉的咆哮，似乎在感叹这场人间惨剧。

4

华佗去世后，曹操的头风病不时发作，疼痛难忍，从四方征召来的所谓名医，下针施灸，并不怎么管用，比起华佗的手法来天差地别。但生性倔强的他却依旧嘴硬："华佗就算是活着，也不会让我的头疼病除根，杀了他没有什么可惜的！"

然而，没过多久，他最喜欢的小儿子曹冲也病了。这个孩子天资聪颖，曾经有一次，东吴的孙权派人送来一头大象，大伙都想知道这个庞然大物有多重。但大象身体太笨重，并不像猪羊一样可以捆起来用称量，群臣都没什么好办法。但聪明的曹冲却想出一个办法，就是把象赶到船上，在船体吃水线处刻下记号。然后赶象下船，再一块块装上石头，同样使船吃水达到那个刻度后，再称一下船上的石头，就能换算出大象重量了。曹操见他这样聪明，对他格外宠爱。但年方十二岁的他，却因为一场重病，就倒在病榻上奄奄一息，最终药石无效而死。

不可一世的曹操终于流下了后悔的泪水："我要是不杀华佗，爱子曹冲就不会死啊！"

千百年来，人们一直将华佗和扁鹊、董奉、张仲景等诸位名医相提并论，视其为中华医学史上"神医"的化身。明代学士胡俨曾在华佗墓前吟道："徒把金针事老瞒，千年荒冢朔风寒。从来枉却陈琳檄，到底西陵泪不干。"

古人曾经做过《历代名医图赞》，收入黄帝、天师岐伯、太乙雷公、扁鹊、淳于意、张仲景等人，其中对华佗赞颂道："魏有华佗，设立疮科，剔骨疗疾，神效良多。"明代的太医院，主殿供奉伏羲、神农、黄帝，东西两庑从祀的是二十八位历代名医，而西庑中高居首位的就是华佗。由此可见，人们对华佗的崇敬之情。

后人为了纪念华佗，很多膏丸丹散都挂上华佗的名头，诸如华佗再造丸、华佗去疹散之类，都是借用了他的大名。由此可见，华佗在人们心目中，就是一位药到病除，有起死回生之能的神医圣手。

医德精粹、品志高洁的华佗，以其涮肠浣胃、开胸缝腹的高超医术，遥遥领先于时代，堪称中国医学史乃至世界医学史上的先驱人物。他的璀璨光辉，永远闪耀在历史的天幕上。